中外文化交流

Illustrated Sino-Foreign Cultural Exchanges

编 著 杜文玉 林兴霞

世界图书出版公司

西安 北京 广州 上海

图书在版编目（CIP）数据

图说中外文化交流/杜文玉，林兴霞编著.—2版.—西安:
世界图书出版西安有限公司，2017.7（2018.12重印）

ISBN 978-7-5192-2580-3

Ⅰ.①图… Ⅱ.①杜… ②林… Ⅲ.①中外关系—文化交流
—文化史—通俗读物 Ⅳ.① K203-49

中国版本图书馆 CIP 数据核字（2017）第 103767 号

书　　名	**图说中外文化交流**
	Tushuo Zhongwai Wenhua Jiaoliu
编　　著	杜文玉　林兴霞
责任编辑	冀彩霞
出版发行	**世界图书出版西安有限公司**
地　　址	西安市北大街 85 号
邮政编码	710003
电　　话	029-87233647（市场营销部）
	029-87235105（总编室）
传　　真	029-87279675
经　　销	全国各地新华书店
印　　刷	保定市正大印刷有限公司
成品尺寸	185mm×260mm　1/16
印　　张	16.5
字　　数	250 千字
图　　片	587 幅
版　　次	2017 年 7 月第 2 版　2018 年 12 月第 6 次印刷
书　　号	ISBN 978-7-5192-2580-3
定　　价	68.00 元

出版前言

　　中华文化是世界最古老的文明之一，在整个世界文化中占有重要的地位。中国人民在长达数千年的历史进程中，曾经创造了光辉灿烂的文明成果，并将这些文明成果向周边国家和地区辐射，影响和促进了世界文明的发展，尤其对东亚地区的影响更大，形成了所谓的东亚汉文化圈。在中华文明的发展过程中，中国又以博大的胸怀、开放的风气，汲取了世界其他地区的文明成果，并加以消化融会，使之成为中华传统文化的一部分。正因为如此，近年来对中外文化交流的研究引起了学术界的高度重视，不仅有不少中国的学者投入到这种研究之中，而且还有许多海外学者也全身心地投入到其中，包括日本、韩国、美国及欧洲的学者在内，取得了较丰硕的研究成果。

　　China culture is one branch of most ancient civilizations, a very important position in the world. During the evolution of history of several thousand years, the Chinese people not only has created the magnificent civilized achievements, but also has transformed such achievements into the peripheral countries and regions, influenced on and promoted to the development of the world civilization, especially to the East Asian, which has formed so-called "the East Asian Chinese culture circle". In the development of Chinese civilization, with open mind, China has absorbed in civilized achievements from the other areas in the world, blending its essences, so as to make them one part of Chinese traditional culture. Owning to such reasons, a number of scholars have paid much attention to the research for the Chinese and foreign cultural exchange recently. In addition to Chinese scholars, a lot of overseas scholars have devoted to the research, including those in Japan, South Korea, United States, and some countries in Europe, most of them obtained the brilliant achievements.

这些研究成果大都以比较艰深的学术著作的形式问世，除了为数不多的专家学者外，广大普通读者并不能充分分享到这些优秀的研究成果，无法了解中外文化交流中的许多精彩内容。如何使学术研究的成果走出纯学术的象牙塔，成为能被广大人民群众所接受的文化形式，是每个有责任心的学者无可推卸的责任。而要做好这项工作，关键是要选择好适当的形式，要有好的选题，采用图说这种图书形式宣传传统文化，应该说是一种恰当的并为群众喜闻乐见的形式。

However, a lot of ordinary readers cannot fully enjoy reading these outstanding research results, because most research results have been published as the abstract academic works for some experts. This is not benefit to the enhancement to cultural quality for the common people, especially disadvantageous to the stimulation to young people's enthusiasm for traditional culture. Therefore, It is necessary for every responsible scholar to transform the pure academic results into a new cultural form, which is popular among the common people, In order to complete such work, it is essential to select both a good form and a suitable topic. A description with illustrations is a good way. which is warmly welcomed by common people.

《图说中外文化交流》一书运用通俗易懂的语言、丰富的文物图像资料，比较全面系统地介绍了数千年来中外文化交流的历史，并对这种频繁的文化交流对中外文明发展进程的积极影响，做出了恰如其分的评价。细读此书，不仅可以增长历史和文化知识，了解我国数千年文明积淀中哪些方面是外来的？哪些方面是我国固有的文明成果？而且还可以了解我国文化对外国有哪些重要的影响，对这些国家和地区的文明进程起到了哪些积极的作用？从而激发爱国热情，增加民族自豪感。

With the simple words and the plenty cultural relic pictures, the book not only comprehensively introduces the Chinese and foreign cultural exchange during the history of several thousand years, but also promptly evaluate the influences on the development of global civilization exchange. If you read this book attentively, you not only may obtain more knowledge about Chinese history and culture, but also may understood which aspects are from foreign countries, and which aspects have been originated by Chinese people. Moreover you may understand the importance which Chinese culture influences on foreign countries, and which the cultural exchange play positve roles during the evolution of other countries. In other words, this book will stimulate your patriotism, increasing your sense of national prids.

本书的图像资料丰富，图文并茂，具有较强的可读性，印刷精美，又具有一定的观赏价值和收藏价值，相信其出版一定会受到广大读者的欢迎和喜爱。

With abundant pictures and meaningful contents, this book is strongly readable. Designes finely, this book is valuable to read and to collecet. I believe it will be welcomed and loved by the readers after its publication.

世界图书出版西安有限公司

目　录

第四章　中外社会习俗

第五章　中外科技交流

第六章　生产技术与物种引进

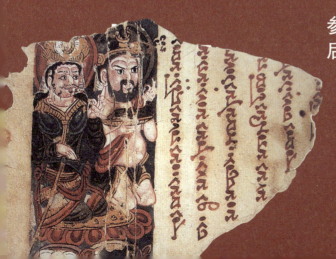

中华文明是中国各民族人民在长期的共同生活中创造的，具有鲜明的民族特色。中华民族创造的灿烂的中国古代文化，对世界文化产生了重大影响，在为人类的文明进步做出贡献的同时，也以宽容广博的胸怀广泛吸纳世界各国、各民族的文化精华，并将其加以改造，使之成为本民族文化的有机组成部分。中国文化就像大海一样汇纳百川，表明中国人对自己的文化充满了自信，同时也对其他文化给予了充分的尊重。

第一章
中外文化交流总述

中国文化的世界地位

　　中国是世界文明古国之一，曾对世界的文明与进步起到了极大的推动作用。关于世界文明体系的说法很多，如四大文化体系（中华文化体系、印度文化体系、阿拉伯文化体系、古希腊罗马为代表的欧美文化体系）、五大文化圈（希腊文化圈、东亚汉文化圈、希伯来基督教文化圈、印度文化圈、伊斯兰阿拉伯文化圈）、四大文明古国（埃及、印度、中国、巴比伦）以及八大文明中心、六大文化区等。无论从哪一个角度来看，中国文化都是世界上这些原生文化中最重要的一极，而且是这些原生文化中唯一延续时间最长、未曾中断、古今绵延的文化类型。这一点无论是比中国文明更早的埃及、巴比伦、印度文明，还是比中国文明晚的古希腊、罗马文明，都是无法比拟的。

陕西出土的唐代都管七个国人物画六瓣银盒

青海大通县出土的罗马时期的银壶

　　由于中国所处的地理位置与交通等方面的原因，中华文明向周边地区传播与辐射时，只能向朝鲜半岛、日本群岛、东南亚以及蒙古高原、青藏高原等地扩展，从而形成了以中国为中心的"汉文化圈"，或称为"东亚文化圈"。这是因为中国西面为喜马拉雅山、帕米尔高原所阻隔，东临沧海，北连大漠，就好像水由高向低流一样，很自然地形成了其文化向东、向东北、向东南的流向。

　　中国古代的文化包括政治制度、法律体系、学术思想、宗教文化等，无不对这一广大地域形成了重要的影响，包括汉字教育在内的教育体系，也对这一地域产生了很大的影响。学习汉字，尊孔读经，一度成为这个文化圈内共同的特征。甚至在生活习俗方面，中华文明的影响都非常明显。

朝鲜修德寺大殿（1308年建，系仿照中国风格的建筑物）

图说中外文化交流

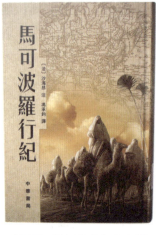

《马可·波罗行纪》中文版

中国文化的影响不仅仅局限于东亚地区，应该说对世界各地都产生了较大的影响。比如中国的"四大发明"，影响范围之广，对世界文明发展所起的促进作用，怎么说都不过分。至于中国在文学、哲学、天文、历算、

意大利旅行家马可·波罗像

医学、机械等诸多方面的贡献，以及其对人类文明的发展所起到的推动作用都是不可估量的。意大利当代著名的科学家普里戈金说："中国的思想对于那些想扩大西方科学的范围和意义的哲学家和科学家来说，始终是个启迪的源泉。"

越南河文庙内的孔子像

西安出土的大食旅行者陶像

朝鲜李氏王朝皇宫

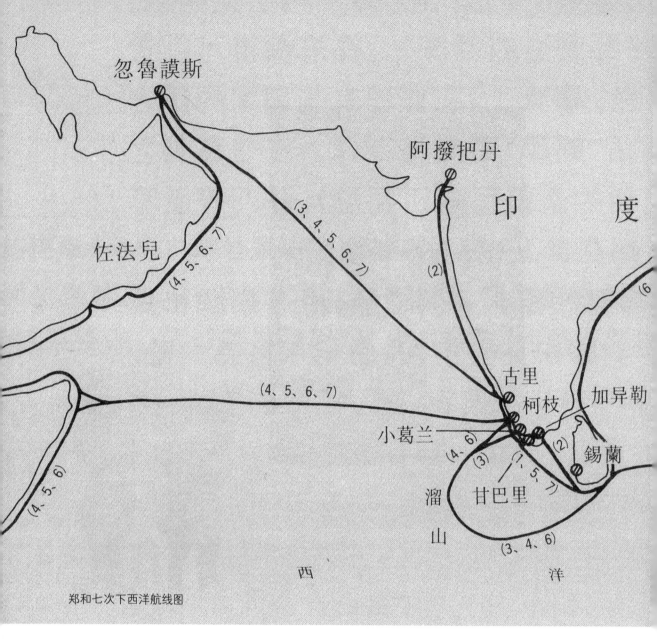

忽鲁谟斯

阿撥把丹

印　　度

佐法兒 (4、5、6、7)

(3、4、5、6、7)

(2)

(6

(4、5、6、7)

古里

柯枝

加异勒

小葛兰 (4、6)

錫蘭

(2)

(3)

(1、5、7)

(4、5、6)

甘巴里

溜山

(3、4、6)

西　　　　　洋

郑和七次下西洋航线图

在 15 世纪以前，以中华文明为代表的东方文明曾遥遥领先于西方文明，从汉代到明朝前期，中国的科学技术在世界上领先长达 14 个世纪以上。在此期间，中华文明是影响世界文明进程的最大发动机，中华民族在世界民族之林中是贡献极大的民族之一。直到明朝前期，这种海上的往来仍然没有中断，中国伟大的航海家郑和率领的庞大的船队，足迹遍及东南亚、南亚、西亚、东非等地的 30 多个国家和地区，总航程达 16 万海里，创造了人类历史上首次大规模的远航壮举。此举不仅提高了中国在国际上的威望，而且促进了中外文化、经济的交流。

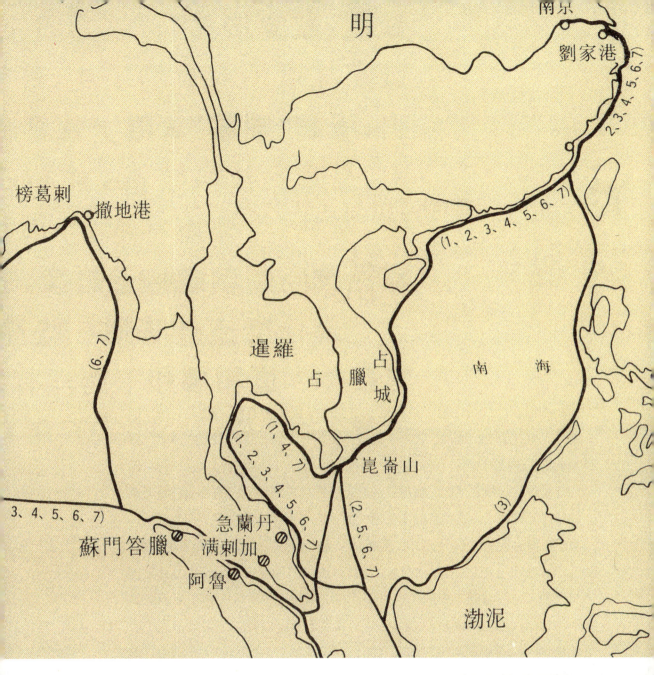

明

南京

劉家港

榜葛剌　撤地港

(2、3、4、5、6、7)

(1、2、3、4、5、6、7)

暹羅

占臘

占城

南　海

(6、7)

崑崙山

(1、4、7)

(1、2、3、4、5、6、7)

(2、5、6、7)

(3)

3、4、5、6、7)

蘇門答臘　急蘭丹

滿剌加

阿魯

渤泥

明代航海家郑和墓

苏禄国王（明朝来华，死后葬在中国）墓

勃泥国王（明朝来华，死后葬在中国）

丝绸之路与文化交流

中国在汉武帝之前，对西域、中亚的了解极为有限，除了一些传闻之外，对其历史、地理、物产、民族、文化等方面，可以说知之不多。强大的汉军击败匈奴后，经过张骞、班固等中华杰出人物的努力，使得中国内地经过我国西北地区，横贯亚洲，进而连接非洲和欧洲的古代陆路交通路线终于打通了。这一条陆上交通线的畅通一直保持到唐朝后期，此后，虽然时断时续，但在中外文化、经济的交流中仍然发挥着极其重要的作用。

"丝绸之路"之名，是19世纪德国杰出的地理学家李希霍芬首先提出来的。他注意到了中国汉朝时期，在中国与河中地区（指中亚的阿姆河与锡尔河之间的地带，即今乌兹别克斯坦东南以费尔干纳盆地为中心的地区）以及中国与南亚地区之间，以丝绸贸易为媒介和主要动力，形

张骞通西域图

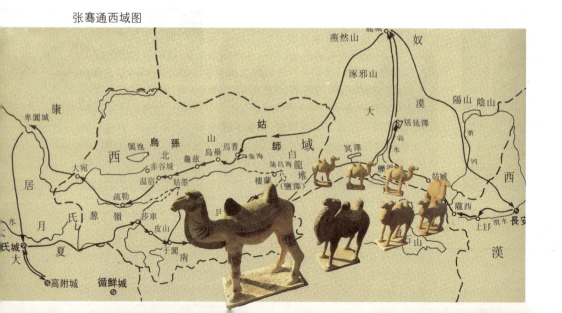

成了一条交通路线。这条交通路线东起长安，经河西走廊，再分为南北两道：南道出阳关（今甘肃敦煌西南）西行，经鄯善（今若羌）、且末、精绝（今民丰尼雅遗址）、于阗（今和田）、莎车至疏勒，然后越过葱岭（今帕米尔），至大宛（今费尔干纳），再西行可到大夏（今阿富汗）、安息（今伊朗）和地中海的大秦（罗马帝国东部）；北道出玉门关（今敦煌西北）西行，经高昌、渠犁（今库尔勒）、龟兹（今库车）、姑墨（今阿克苏）至疏勒（今喀什），逾葱岭，至撒马尔

高昌故城遗址

唐长安城复原图

干，向西南方向到安息，再到巴格达。"丝绸之路"也不是一成不变的，随着地理环境或政治、宗教形势的变化，一些新的道路不断被开通，也有一些道路的走向发生改变，甚至废弃。今天，人们对"丝绸之路"的认知要比19世纪时丰富得多，人们都知道这条道路不仅仅是古代丝绸贸易的商路，而且还是东西方之间政治、经济、文化交流的重要桥梁。

敦煌莫高窟全景

蚕丝技术的起源，可以追溯到中国文明的诞生期。虽然汉代以前已经出现中国丝绸被贩运到中亚甚至更西、更南地区的情况，但丝绸大量运销波斯和西亚，还是张骞开通西域、"丝绸之路"开通之后的事。通过波斯和西亚，古罗马人早在公元前后就接触到了中国丝绸。那时罗马人的衣服主要是羊毛和亚麻，所以他们看到轻柔鲜亮的丝绸后，立即奉为至宝。著名的埃及女王克里奥帕特拉就穿过中国蚕丝织就的丝袍。当商路还不太畅通时，丝绸在罗马与黄金等价，是富贵的象征。贸易商对丝绸技术严格保密，以至于罗马人不相信丝是由蚕吐出来的，他们以为丝生长在树上，被取下来浸水后便成了制作丝绸的原料。直到中国的十六国北朝时期，蚕丝技术才传入于阗，不久传入波斯和东罗马。到12至13世纪，蚕丝技术才传入西欧。

历史上跋涉于丝绸之路的，主要是那些为追求贸易利润而甘冒风霜、万里奔波的商人。他们组成大大小小的驼马商队，翻越高山深谷，穿过戈壁大漠，把东西方的物产往来贩运。他们的努力构成了丝绸之路的基本内容和主要人文景观。历史上在丝路贸易中做出过重要贡献的民族和国家很多，著名的波斯商人、阿拉伯商人人尽皆知，而曾经起过非常积极作用的，则首推中亚地区的粟特民族。粟特民族是中古时期丝绸之路上最主要的商业民族，他们随着贸易的发展渗透到欧亚大陆的各个角落，其社区聚落、语言文字、宗教信仰和风俗习惯，在整个丝绸之路乃至整个欧亚大陆上，都留下了深深的烙印。与此同时，在丝绸之路沿线，一大批城市应运而兴，如高昌、楼兰、交河、撒马尔干、波斯利亚等，它们像镶嵌在丝绸之路上的一颗颗明珠，为中西经济与文化的交流做出了极大的贡献。

丝绸之路的起点——长安

楼兰故城遗址

交河故城（局部）

除了丝绸之外，在丝绸之路上被运往中亚及其以西地区的中国物产，还有漆器、铁器、陶瓷、药材等。中国的许多植物品种也通过丝绸之路传入西方。除了养蚕所必需的桑树，还有方竹、梨、桦树、蜀葵、玫瑰、茶树，以及各种药材，如肉桂、生姜、黄连、大黄、土茯苓等。但丝绸之路对西方人最大的意义，是中国文化和科技的许多精华通过丝绸之路被介绍到了西方，包括天文、医学、音乐、建筑等各个领域的知识，其中最重要最著名的则是古代中国四大发明中的三项——造纸、印刷术和火药。它们的传播，深深地影响了世界文明的发展进程。

第一章

中外文化交流总述

唐代西域商人骑驼陶俑

新疆吐鲁番出土的团花唐锦

　　中国与西方通过丝绸之路的交流，双方都是受益者。丝绸之路第一次提供给中国以了解其他民族、其他文明的窗口，通过丝绸之路，西方世界的物质文明和精神文明也传入中国，极大地丰富并改变了古代中国的物质生活和精神生活。这当中最值得注意的是，新的动植物品种和宗教的传入。佛教、祆教、景教、摩尼教、伊斯兰教等外来宗教大都通过这条贸易商道传入中国，并对中国社会产生了较大的影响。在长安、洛阳以及中国的许多地区都有外国僧侣活跃的身影，外国商人也活跃于全国各个地区。除了宗教，通过丝绸之路传入的外来文化，还有杂技百戏和音乐舞蹈等。

　　中国之所以能在汉代鼎盛时期开通茫茫西域，这与当时中国国力强

唐代镏金双狐双桃形银盘（其图案风格受到了西方文化的影响）

东方风格的古罗马双把陶瓶

陕西礼泉出土的唐代骑马伎乐三彩俑

盛、文化高度繁荣紧密相关。丝绸之路之所以能历千年而交流不断，是由于中国文化敢于并善于汲取其他文明的成果。从这一意义上讲，丝绸之路的开通与持续繁荣，又是中国文明的强大生命力、创造力和持久魅力的象征。丝绸之路是古代东西之间的贸易之路，是古代中国文明作用于世界历史的重要杠杆，也是古老的中国走向世界、接受世界其他地区文明营养的主要通道。中国文化性格的塑成、中国历史的具体形态，与丝绸之路息息相关。

陕西历史博物馆藏唐白陶舞马

海上丝绸之路大约兴起于公元 9 世纪初，尽管在此之前，也有一些中国人通过海路游历海外，一些外国商人从海上经中国港口进入境内经营商业，但是规模较大，持续不断的海路贸易却是兴起于此时。公元 10 世纪，阿拉伯商人苏莱曼与航海家伊本·瓦哈比的商船由巴士拉与希拉经海路驶进中国的广州港。之后，他们对中国风土人情的大量叙述，促使当时的阿拉伯世界进一步认识了中国。

陕西历史博物馆藏唐彩绘女舞俑

伊本·白图泰（1304—1369 年）是中国人民所熟知的著名摩洛哥旅行家，他在 21 岁的时候就离开家乡丹

汉译本《伊本·白图泰游记》

吉尔，从此开始了长达 30 年的旅行。伊本·白图泰也许是在蒸汽机车产生之前累计旅行距离最长的旅行家。除了访问过西亚和北非所有伊斯兰国

唐代胡人俑头像

宋代磁州白瓷黑花瓶

陕西西安出土的唐代黑人俑

家和地区之外，他的旅行足迹还远至撒哈拉以南及东部非洲、印度、孟加拉国、斯里兰卡、马尔代夫、拜占庭、南俄，中国是他旅行之中非常重要的一站。中国的杭州、泉州以及北京（元大都）等地都留下了这位伟大旅行家的旅行、考察足迹。伊本·白图泰结束旅行返回摩洛哥之后，口述其旅行见闻，经人整理而成《伊本·白图泰游记》。这部旅行家笔录，以丰富翔实的资料，成为介绍中世纪地理、历史、民族、宗教、民俗等方面一部价值极高的著作，也是阿拉伯帝国及西方的人们了解中国的窗口，长期被许多学者引用。

宋元时期，中国海路对外贸易仍然非常繁荣，在沿海一带陆续发展起了许多著名的港口，如泉州、广州、杭州、明州、登州、福州等。海路交通运输量大的特点，使中国的铁器、陶瓷，当然也包括丝绸大量地被贩运到世界各地，故有的学者将这一海上通道称之为海上陶瓷之路。

古波斯帝国都城波斯利亚遗址

东亚汉文化圈的形成

以中国古代文化为中心的东亚文化圈最终形成于唐代，这个文化圈除了中国本土外，还包括今天的朝鲜半岛及日本、越南等国。那么，什么叫东亚汉文化圈，它由哪些因素构成的呢？日本学者提出了文化四大因素，即汉字文化、儒教、律令制、佛教。他们还认为，文化的传播是以中国王朝的政治性结构为媒介的。具有共同文化要素的国家，直接或间接地形成从属关系，而这种从属关系具体的表现，就是册封体制，即从属国向中国朝贡，中国的王朝则授以官爵，建立册封关系。实际上除了册封关系外，还存在其他关系，如与日本之间就较为特殊。

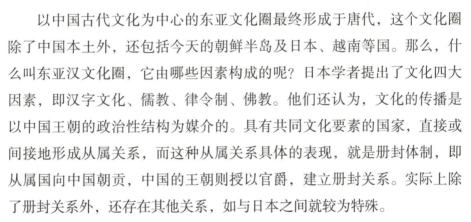

陕西乾县唐章怀太子墓壁画——客服图
（表现唐鸿胪寺官员迎接外国使者的场面）

胡蜜丹國使

嚈噠檀國使

胡蜜丹滑旁小國也普通元年使使隨滑使來朝其表曰揚州天子

出處大國聖主胡蜜主名……葉遙長跪合掌作禮十万今滑使到聖

國同對函咨所水道重……馬一匹……聖王……不敢自專……

呵跋檀溫旁小國普通元年晴消使……

于東方大地呵跋檀王聞詳……過乃百……

使手送此菩薩書不空故上馬一匹與氍毹一張

……億天子安隱我今奉……恭奉吾天……

梁萧绎《职贡图》局部（宋摹本）

法国汉学家汪德迈对于汉字与汉文化圈关系的概括颇为中肯，他认为，"所谓汉文化圈，实际就是汉字的区域……这一文化区域所表现出的内聚力一直十分强大，并有其鲜明的特点。它不同于印度教、伊斯兰教各国，内聚力来自宗教的力量；它又不同于拉丁语系或盎格鲁－撒克逊语系各国，由共同的母语派生出各国的民族语言，这一区域的共同文化根基源自萌生于中国而通用于四邻的汉字……汉文化圈的同一即'汉字'（符号）的同一"。中国、日本、韩国、越南、新加坡等国家在思想文化、思维方式等方面的某些共性或相似性，在很大程度上确实是由汉字这一共同的文化根基决定的，因为汉字的传播能够开启儒学流布之门。

汉字大概是在战国中期就开始逐渐向境外传播。北起朝鲜半岛，南至越南，东至日本，这三个国家当时都没有文字，他们借用汉字的时间虽然先后不一，但最少也已有一千多年的历史。在长期流传的过

日本人绘的日本书贩图

程中，汉字这种异族文字已经成为这些民族文化的有机构成部分，至今仍然是其重要的民族文化遗产。汉字在这些国家基本经过了完全借用、部分借用两个阶段，几乎与此同时，儒学在这些国家的传播也完成了从初期的全盘接受到本土化的过程。

越南原是使用汉字的国家，另外还使用汉字型文字"字喃"，汉字是其正式文字。汉字与文言典籍在越南传播很早。秦末汉初，诗、书之类的儒家经典已传入越南，汉字自然也得到了系统的传播和应用。由汉至晋千余年间，越语吸收了大量的汉语语汇，越南人把汉字称为"儒字""咱们的字"。公元 10 至 13 世纪，越南利用汉字"六书"中的形声、会意、假借等造字和用字方法，创造出本国文字"字喃"。"字喃"包括为书写越南语而借用的汉字及另创的越南字。"字喃"在越南陈朝时广泛流行，曾一度与汉语文言并行，被用作正式文字。胡朝时胡季还曾用"字喃"翻译儒家经典。由于"字喃"与汉字在"形式上的无懈可击的同质性"，并且，"越南俗体文字体系远不具备汉字词义结构的活力"，"字喃"

越南河内国子监文庙

越南河内国子监文庙内的进士题名碑

越南彩印年画（图中人物为中国三国时期的关羽）

到 17 世纪被拉丁文代替，成为一种死文字。汉字成为发掘越南传统文化宝库的工具和桥梁，越南语约 90% 的词汇来源于汉语。过去他们祖先几乎所有的著作都是用汉字写的，越南人必须认识汉字，才能通过数量巨大的汉喃书库挖掘其本民族的遗产。

朝鲜早在公元 1 世纪就接受了汉字文化。西汉初期，真番部落已经使用汉字给汉武帝写信并要求通商和交往；三国时期，高句丽国已有用汉字记事的著作《留记》，流行的中国经典还有"五经""三史"和《三国志》《晋春秋》《文选》等，另有《玉篇》《字统》《字林》等字书。高句丽的太学把这些中国典籍作为贵族子弟学习文化的基本教材。百济统治阶层使用汉字亦达到很高水平，他们对中国哲学、史学、文学著作无所不读，近肖古王在位期间还命高兴用汉字编写了一部百济史书——《书记》。至于新罗，是根据汉字的字义确定其国号的，取"德业日新""网罗四方"之意。直到 15 世纪中叶，李朝世宗才集中学者创制出朝鲜自己的民族文字"训民正音"，又称"谚文"，这是一种拼音文字。在这套拼音文字系统得到推广的同时，朝鲜文中仍然大量使用汉字，继续沿用直接标记汉字的传统做法，使得汉字逐渐有了朝鲜语的发音和写法。直至 1894 年，朝鲜政府宣布"训民正音"可以作为公用文字前，汉字与

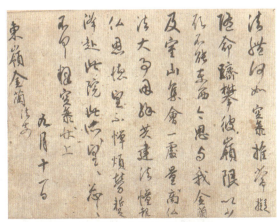

日本京都教王护国国寺收藏的《风信帖》

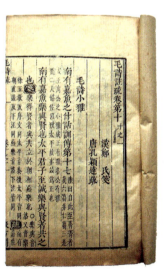

《十三经注疏》（清嘉庆三年汲古阁印本）

谚文一直混合使用。

　　日本是我国的东方近邻。根据文献记载，从公元前1世纪的汉朝起，中国文化就传播到了日本。相对而言，汉字传入日本较晚，但日本却是应用汉字最有创造性的一个国家。日本人率先借用汉字成功地建立了自己的文字体系，日文就是汉字和假名混合的文字。汉字及文言经典大概在公元3世纪由朝鲜学者传入日本，这才结束了日本无文字的历史。日本最初借用整个汉字作音符，用以记录和书写日本语，时间最晚在7世纪初。这种借用分为两种形式，或者借用与日本词同义的汉字按照意义记录日语，但是仍然按照日语发音，汉字在此被作为语义符号；或者不顾意义只借用汉字的发音为日本词注音，汉字只是被作为语音符号。正是在此基础上，日本学者利用汉字创造了日语字母——假名。假名依字体分为"平假名"和"片假名"两种，平假名是利用汉字的草书创造出来的，用于一般书写；片假名则是取汉字楷书的偏旁冠盖创造而成，只用于写外来语或有

高丽慧虚绘——杨柳观音图

日本人于19世纪初诠注的儒家经典

《论语集解》（日本正平刊本）

日本人制作的仿华铜镜（明朝中期）

日本仿中国古钱币

特殊要求的词汇。与其他国家不同，日语书写系统并没有放弃汉字，相反，汉字不但与假名同时使用，而且在行文中起着决定性的作用。汉字因此得到了广泛的传播，并且成为日本文字体系的有机组成部分。

总之，汉字构成了汉文化圈共同的文字基础，儒家经典也同时成为古代汉文化圈国家共同的文化典籍。无论是朝鲜、日本、越南，这些国家的古代教育通常都以儒家经典为基本教材。正是因为汉字的借用，东亚国家在文化精神、思维方式、道德观念、审美情趣、文学艺术等各方面都得到了一定程度的同化，甚至于在民风民俗、民间礼仪等方面各国都有相似或相同的地方，其中一个最为突出的特征就是对儒家思想学说的共同尊崇及信奉。

朝鲜平安南道南浦市高句丽墓飞天壁画

越南茶荣市关帝庙内供奉的神像

图说中外文化交流

明朝后期以来的文化交流

明朝后期，西方基督教再次传入中国。在我国历史上基督教曾经三次传入，第一次是在唐朝，第二次在元朝，明朝后期的这次是第三次。与前两次不同的是，此次基督教传入的同时，还带来了西方的学术，即所谓的"西学东渐"。据统计，从公元1581年至1712年，来华的各国传教士共计有400人左右。其中比较重要的人物是意大利传教士利玛窦（1552—1610年），此人在精通神学、文学之外，还通晓几何学、天文学、地理学等自然科学，他来华后，除了传教外，还大力介绍西方的科学知识，并

利玛窦与徐光启像

汤若望像

绘制了《坤舆万国全图》，向中国人介绍世界地理知识，开阔了中国人的眼界，推动了中国地图学与地理学的发展。他还将《四书章句》译成拉丁文，又与中国学者徐光启合作，将古希腊著名的数学家欧几里得的《几何原本》译成中文，并于 1607 年在北京出版，这对中国的数学乃至自然科学的发展起到了不可估量的重要作用。他在北京先后写成了 3 部天文学著作，并制造了地球仪、浑天仪、日晷等天文仪器。他在华传教 29 年，为中西文化交流做出了重大贡献。此外，艾儒略、汤若望、南怀仁、邓玉函等欧洲传教士，都对传播西学发挥了重要作用。

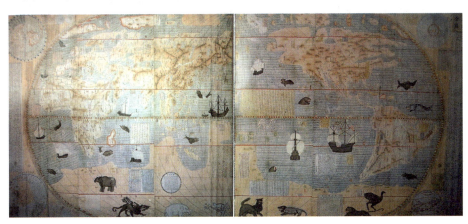

利玛窦绘坤舆万国全图

明清时期，西方科学对中国的影响主要表现在几个方面。其一，数学。随着西方数学著作的翻译和出版，中国的数学再现生机，在这一时期涌现出了一批中国数学家，促使中国数学发展到了一个新阶段。其二，天文历法。中国天文学虽然发展较早，但观察手段落后，因而所制定历法的准确度欠佳。在近代西方历法知识的影响及西方传教士的直接参与下，由汤若望主持，在清初制定

清代制造的天球仪

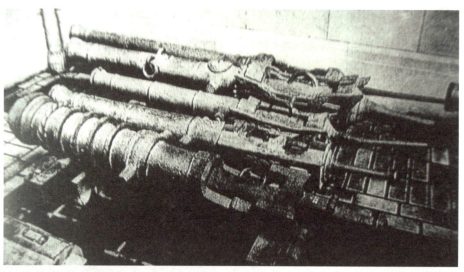

明嘉靖年间所造的佛郎机

了《时宪历》，并且一直使用到民国初年。其三，西方火器。中国虽是火药的发明国，但在利用火药方面却长期停滞不前，而欧洲却发展非常迅速。15世纪中叶，西班牙人首先发明了火绳枪，并且在欧洲开始使用。明朝嘉靖年间，欧洲的枪炮开始传入中国，明军在萨尔浒战役失败后，通过中国商人从满剌加购得西洋炮入境。当时人称火绳枪为"小佛郎机"，称火炮为"大佛郎机"。佛郎机是中国人对葡萄牙的称呼。传教士汤若望还著有《火攻略》一书，详细地介绍了火器的制造方法及火攻要诀。到了清代开展洋务运动时，中国开始大量地引进西方枪炮制造技术，并创建了近代化的兵工厂。其四，地理学。传教士带来了地理学的知识，使中国人耳目一新。当时中国也绘有世界地图，即《天下全图》，但由于受天圆地方学说的影响，错误不少。传教士带来的西方地理知识，给予了中国传统的地理观念以严重的冲击，并促使中国人逐渐接受了西方世界地理观念，

日本京都南禅寺藏牡丹纹镰仓雕香漆盒

清代第一批留美孩童

对中国地理学观念的形成发挥了重要作用。

　　清末以来，大批中国人留学于海外，学习各种科学技术，从而促进了中国近代科学技术突飞猛进地发展。此外，近代欧洲的治学方法也对中国产生了较大的影响。这一时期，中国的医学、光学、建筑学乃至美术、哲学、音乐、语言学等方面，都取得了不小的进步。洋务运动推行后，中国更是主动引进西方先进的科学技术，并开办了大量的工厂企业，编练新式陆海军，从而进一步推动了早期的近代化运动。

张之洞（清朝大臣，洋务运动倡导者之一）

李鸿章（晚清政治家、外交家，洋务运动倡导者之一）

图说中外文化交流

清景德镇彩釉大瓶

明五彩镂空云凤纹瓶

　　在这一历史时期，中国文化同时也在欧洲传播。在欧洲传教士进入中国之前，欧洲人对中国的了解主要通过《马可·波罗游记》，显然这种了解是很肤浅的。自从这批人进入中国之后，他们为了引起罗马教廷和欧洲人对中国的兴趣，把来华见闻及中国古籍介绍给西方，他们编辑出版报道和译著了诸多著作，向西方传播中国的现行制度、社会现状、礼仪风俗等，对中西文化的沟通起到了重要作用。尤其是鸦片战争以来，大批欧洲商人、使者、传教士涌入中国，使欧洲对中华文化的了解进一步加深。

　　16 世纪至 17 世纪初，中国瓷器、丝绸、漆器、茶叶等商品输入欧洲，促使欧洲人对中国产生了极大的兴趣，不少欧洲人欣赏甚至模仿中国风尚，从而出现了一股"中国热"。这一时期欧洲还不会生产瓷器，经过长期的研究和试验，1710 年，欧洲才生产出了第一批硬胎瓷器，但是在

清代蓝底牡丹织金缎

法国人柏应理于 17 世纪所著《孔子》一书的插图

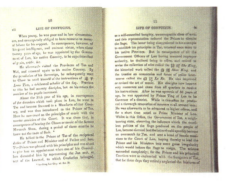

美国于 1828 年出版的英文版《四书》

图案等方面却长期照抄中国输入的瓷器。因此，中国漆器长期以来只限于欧洲各国宫廷使用，还未普及到民间。17 世纪末至 18 世纪初，漆器的使用才逐渐普及开来，同时西方人也学会了漆器的制造，其中以法国的漆器业最为发达，但其图案仍基本仿照中国。到 18 世纪中叶，法国所制的漆器已经能与中国的输入品相媲美。在丝绸生产方面，欧洲人也想努力赶上中国的生产水平，在风格上努力向中国靠拢，但由于消费者还是更喜欢中国的产品，因而其自产的产品销路并不佳。

中国的传统学说——儒家学说也传入到了欧洲。意大利传教士利玛窦早在进入北京之前，当其在南昌时就已经将"四书"翻译成拉丁文，送回意大利，供来华的传教士学习参考。1626 年，传教士金尼阁翻译"五经"，即《诗经》《尚书》《礼记》《易经》《春秋》等五部书，用拉丁文在中国的杭州刊印。这是中国经籍外文版的最早出版。法国传教士于 1702 年至 1776 年，在巴黎出版了《海外传教士书简》，共 30 卷，其中第 16 卷至 26 卷，是关于中国的内容；杜赫德主编的《中华帝国全志》，共 4 卷，于 1735 年出版；《北京传教士关于中国人的历史、学术、艺术、风俗习惯等论丛》，于 1776 年至 1814 年陆续出版，共 16 卷。这些大部头著作的出版，在欧洲引起了强烈的反响，同时也为法国启蒙思想家提供了反专制、反教权的思想武器，如伏尔泰、孟德斯鸠、魁奈、莱布尼茨等启蒙思想家，都对中国文化给予了极高的评价。总的来说，中国文化对欧洲的哲学、数学、服饰、娱乐、建筑、园林等方面都产生了较大的影响，一些学者甚至到中国专门学习各种知识和技能。现在的欧洲学者也认为公元 1800 年以前，中国给予欧洲的比它从欧洲所获得的要多得多。

清代妇女的云肩

中国的文学艺术源远流长，它是中华民族数千年文明的结晶，凝结了中国各族人民的创造力与智慧，是中华文化的重要组成部分。数千年来，中国历史上涌现了大批的文化名人，如孔子、屈原、司马迁、李白、杜甫、白居易、吴道子等，他们像天上闪亮着光辉的星辰一样，不仅为中国人民所敬仰，而且在中外文化的交流过程中，赢得了世界各国人民的尊重。中国在文学与艺术方面所取得的成就，也是全世界最宝贵的文化遗产之一。

第二章
中外文学与艺术交流

文学交流

中外文学交流主要分东、南、西三个方向，在东方主要指与朝鲜半岛、日本的交流，在南方指与东南亚的交流，在西方主要指与中亚、印度、欧洲的交流。

中国与朝鲜、日本的文化联系早在秦汉时期就已经非常密切了，在这一历史时期有大批的中国人移居那里，并带去了中国先进的文化。魏晋南北朝至隋唐时期，中国与朝鲜、日本的文化交流进一步加强，大量的中国典籍输出到朝鲜、日本，其方式有三种：一种是那里的使者到中国主动求取，一种是中国政府向他们"赐予"，另一种则是以朝鲜、日本的留学生与中国僧人为媒介。如十六国时期，高句丽曾派人到中国取回了《论语》《史记》《汉书》《东观汉记》《晋阳秋》等儒家经典和史学著作。日本的中国典籍最早是经朝鲜半岛输入的，至隋唐时期才直接从中国输入。

中国的《诗经》《文选》等典籍在朝鲜、日本广为流传，到隋唐时期诗歌空前繁荣，新罗政府经常派使入唐求取诗文。此

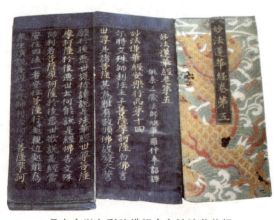

具有文学色彩的佛经金字妙法莲花经

新罗人崔致远著《桂苑笔耕集》

外，许多新罗商人也入唐大量购买诗文，如白居易的诗等。新罗还派大批留学生入唐学习中国文化，有的长期在中国定居，甚至参加科举考试并做官。第一个在唐朝应试及第的新罗学生是金云卿，他于公元 821 年及第。新罗学生在唐朝科举及第的共 58 人，其中最有成就者是崔致远。崔致远（857—915 年）12 岁入唐求学，874 年在长安考中进士，历任侍御史内供奉、溧水县尉、淮南都统巡官等职。公元 885 年归国。崔致远在唐 17 年中，写下了大量的诗文，存留至今的有《桂苑笔耕集》20 卷。他回国后受到新罗王朝的重视，担任过重要官职，并且继续撰写诗文，为新罗文坛所推重，被视为朝鲜汉文学的开山鼻祖，对中朝两国文化交流的发展做出了很大的贡献。

日本遣唐使和留学生、学问僧带回了大量的中国诗文，其中杜甫、李白、白居易等唐代诗人的作品在日本流传很广。日本社会上层模仿唐诗创作汉诗在当时蔚然成风，至 9 世纪末，日本先后编成《凌云集》《文华秀丽集》《经国集》3 部诗集。日本僧人空海从中国回国后，撰有《文镜秘府论》6 卷，对唐诗的音韵进行了精细的研究，对推动日本学习汉诗起到了重要的作用。此外，唐朝的传奇小说从 8 世纪起，也开始在日本流传，如《游仙窟》等。

宋元明清时期，中国与朝鲜、日本的文学交流虽然比不上隋唐时期频繁，但仍然继续在进行之中，一些中国著名的文学作品相继流传到这里。如《三国演义》，在清康熙二十八年（1689年）由日本人湖南文山译成了日文。此后，日本人对此书的训点、翻印、改编、改写、节译，层出不穷。朝鲜在李朝统治时期来华采购书籍，《三国演义》也在其中，并得到了当地人民的喜爱，被

空海著《文镜秘府论》

日本学者中野美代子著
《〈西游记〉的秘密》

《三国演义》第 77 回插图

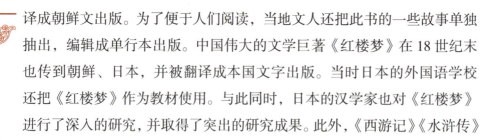

译成朝鲜文出版。为了便于人们阅读，当地文人还把此书的一些故事单独抽出，编辑成单行本出版。中国伟大的文学巨著《红楼梦》在 18 世纪末也传到朝鲜、日本，并被翻译成本国文字出版。当时日本的外国语学校还把《红楼梦》作为教材使用。与此同时，日本的汉学家也对《红楼梦》进行了深入的研究，并取得了突出的研究成果。此外，《西游记》《水浒传》等中国小说也都相继传入朝鲜、日本。

中国与越南等东南亚国家的文化交流早在先秦时期就已经开始了，秦朝统一后，汉文字遂开始在当地流行。在近代以前，汉文学一直是越南的主流文学，大量的中国典籍在越南广泛流传。至黎朝统治时期，汉文学进入全盛时期，不少越南本国人士都是汉文学方面的高手，如黎贵惇，博学多才，著作丰赡，有"越南王安石"之称。黎朝末期，文学家辈出，硕果累累。其中，尤以邓陈琨《征妇吟曲》等最为著名。阮朝前期，汉文学的代表作家以郑怀德、吴仁静、黎定光等最负盛名，被称为"嘉定三家"。阮朝的妇女中亦不乏擅长汉文学的，浪漫派女诗人胡春香生于 18 世纪中叶，其《春香诗集》曾被传诵一时，堪称文坛翘楚。18 世纪至 19 世纪前期，最主要的作家与作品为阮攸和他撰写的《金云翘传》。《金云翘传》以中国清初余怀同名章回体小说为蓝本，经艺术加工改写而成。这部从中国"移植"到越南的文学作品，成为越南文学中的一块瑰宝，其影响超过了其他任何一部越南作品。此外，中国的《三国演义》《红楼梦》《水浒传》等小说，对越南等东南亚国家影响也很大，人们最初是通过汉文来阅读的，《三国演义》越南译本于 1909 年在河内出版，《红楼梦》的越南译本要更晚一些，1959 年才开始翻译，1962 年正式出版。这两部书对泰国影响也很大，1802 年，泰文版《三国演义》翻译出版，至 1910 年，前后共再版 6 次之多，并且被视为治国和用兵之道的珍贵典籍。《红楼梦》

《红楼梦》第70回插图

敦煌文书《金刚般若波罗蜜多经讲经文》

大约是在 1809—1825 年传入泰国的，泰国学者对其研究始于 1949 年，并且有节译本出版。此外，《三国演义》还在印度尼西亚、马来西亚等国出版，对当地的文化、道德、习尚均产生了较大的影响。

中国与印度的文学交流主要表现在印度文学对中国的影响上，这主要归之于佛教及其经典的大量输入。早在先秦时期的中国典籍中就可以找到一些从印度传来的寓言和神话，随着佛教的传入，这种来自印度文学的影响便越来越明显。这一点在六朝的许多志怪小说中，都可以找到一些例证。到了隋唐时期，印度文学的影响就更大了，主要表现在两个方面：一是传奇，二是变文。如王度的《古镜记》，以一个故事为主干，穿插了许多小故事，这种体裁就是

目连救母变文（录自《敦煌变文讲经文因缘辑校》）

敦煌文书《张议潮变文》

受印度著名的史诗《摩诃婆罗多》的结构影响。体裁方面的另一个特点，体现在变文上，其结构多半是韵文与散文交错成文，这种结构与古印度的许多著作完全相似，甚至许多变文的内容也来自佛教故事，如《太子成道变文》《大目乾连冥间救母变文》《降魔变文》《妙法莲花经讲经文》等。在传奇方面，许多故事本身就是从印度故事改编而来的，如李道威的《柳毅传》、李公佐的《南柯太守传》、沈既济的《枕中记》、张荐的《灵怪录》等，都可以从中找到一些印度文学的色彩。就连柳宗元写的寓言《黔之驴》，也可以从印度的《五卷书》中找到一些瓜葛，其第4卷第7个故事就与《黔之驴》的内容非常相似。宋元以后，中印文学的交流虽然少了一些，但印度文学对中国的杂剧、小说仍然具有一定的

陕西历史博物馆藏唐粉彩说唱俑

清抄本《石头记》（苏联科学院东方学院列宁格勒分所藏）

影响，如中国著名小说《西游记》中的许多故事乃至人物，都与印度有不少联系。以人物为例，孙悟空就是以佛经中的神猴为原型，进行了创造性的发展，从而塑造出了这样一个勇敢、活泼、正直的艺术形象。至于其中的故事情节借鉴佛经的就更多了，如孙悟空与二郎神斗法的故事、唐僧师徒与妖魔斗法的故事等。

明清以来，中国与欧洲的文学交流开始频繁起来，尤其是近代以来，双方的交流更加频繁。中国文学作品《三国演义》《红楼梦》等，曾经被译成了拉丁、西班牙、英、法、俄等多国文字在当地出版。俄国早在1843年就翻译介绍了《红楼梦》，但由于全文翻译篇幅太大，一直没有译成，直到20世纪50年代，才被译成俄文全文出版，分为两卷本。俄国一向很重视收藏中国文学作品的原本，东正教使团驻北京的历届团员就携带回了不少《红楼梦》古本。1964年，苏联汉学家李福清博士在列宁格勒图书馆发现了一种80回《石头记》，竟是连中国也没有的孤本，中华书局已经影印出版。《红楼梦》流传到德国的时间，无法考清，现能知道的是1828年在德国法兰克福出版的《中国学》杂志上，曾发表过一篇翻译的《红楼梦》片段。1932年，德国汉学家翻译了节译本《红楼梦》，在欧洲产生了很大的影响，先后有英、法、意、匈、荷等文种的《红楼梦》出版，这些都是根据这个节译本转译出版的。在欧洲国家中，《红楼梦》以英译本最多，有多种节译本出版，全译本的出版较晚。《红楼梦》传入法国是在19世纪末或20世纪初，从20世纪30年代开始，《红楼梦》被节译成法文。1949年之前，此书一直没有法文全译本，但这并没有影响法国学者对此书的研究，一些大学的博士论文还以《红楼梦》为选题，并且陆续出版，推动了法国红学研究的发展。

俄国学者李福清著《三国演义与民间文学传统》

乐舞艺术

　　我国古代乐与舞不分，表演时既有乐曲、歌唱，同时也有舞蹈。乐舞艺术的对外交流最早始于秦汉时期。在这一历史时期，北方的匈奴不断侵扰中国北部边境，迫使秦汉两朝不得不派大军戍守边疆。由于双方长期地你来我往，戍边将士逐渐对当地游牧民族的铙歌、笳歌熟悉并喜爱起来，并在军中演奏歌唱，以壮军威。后来，随着戍边将士返回内地，这些异族的音乐便传入京城，与内地固有的中原音乐融汇而变成一种悲壮的鼓吹乐，甚至被用于朝廷典礼、宗庙祭祀，这样带有匈奴音乐因素的鼓吹乐便成了中国音乐的有机部分。随着丝绸之路的开通，中国与西域的文化交流更加频繁，西域各国丰富多彩的乐舞和乐器，如胡笳、五弦

山东济南出土的西汉乐舞杂技陶俑群

甘肃麦积山石窟壁画北魏琵琶伎残图

琵琶、箜篌、锣、钹、腰鼓等，均传入中国。此外，海外及西域的魔术、杂技也相继传入中原。据记载，两汉时期传入中原的杂技魔术节目包括：都卢寻橦，即来自缅甸的爬竿表演；水人弄蛇，指来自西域的玩弄蛇的表演；还有吐火、屠人、吞刀、种瓜等节目，其中种瓜最为中国民众所喜爱，它可以顷刻之间，表现下种、引蔓、结瓜等全过程。域外乐舞、杂技传入后，被中国吸收，与中国乐舞、杂耍融合后，形成了汉朝的乐舞百戏体系。与此同时，中国的音乐与乐器也流传到了西域，传播的途径主要有两种：一是西域各国派人入内地学习，二是汉朝的皇帝赏赐给一些国家伎乐艺人，从而使中国的乐舞在西域及中亚一带得到传播。

河南洛阳出土的汉代杂技形陶盦

唐代琵琶（日本正仓院收藏）

在魏晋南北朝时期，百戏已经广泛流传于南北广大地区，同时新的乐舞也不断地传入中国，其中来自天竺的乐器就有凤首箜篌、琵琶、五弦、铜鼓等多种，乐曲有《沙石疆舞曲》《天曲》等。十六国时期割据于西北的前凉、后凉、西凉、南凉、北凉等五个政权，史称五凉，前后延续了一百多年时间。五凉时期的河西是中西音乐交流的必经之地，因而也是当时乐舞艺术最为发达的地区之一。在隋唐时期盛行一时的西凉乐，就是北魏征服河西时（5世纪上半叶）带入内地的，而这种音乐却是融合了天竺乐舞、龟兹乐舞以及中国传统乐舞而形成的河西乐舞。在整个南北朝时期，无论南北，都盛行胡乐、胡舞，除了来自西北的胡族乐舞外，甚至还有远自安息而传入的乐舞。佛教传入中国后，其音乐也相继传入中国，至魏晋南北朝时期达了一个高峰。由于梵语唱词与汉语唱词在音节上难以对应，于是如何汉化的问题便成为十分紧迫的事情。经过中国僧人与佛教信徒

河南邓县（今邓州市）出土的南朝鼓吹画像砖

甘肃酒泉十六国五号墓壁画——舞伎与百戏

甘肃酒泉十六国墓壁画——乐师和乐图

的努力，终于使这个问题得到了解决，初步形成了中国的佛教音乐体系，当然其中也融入了中国固有的音乐和民间文化因素。

隋唐五代时期中外音乐舞蹈交流最为频繁，有力地促进了这一历史时期音乐舞蹈的发展，并使之达到了一个非常繁荣的程度。隋朝初年，

河南安阳出土的北齐胡人乐舞黄釉扁瓶

唐骑驼乐舞三彩胡人俑

河南安阳出土的隋彩绘伎乐陶俑

五代王处直墓乐舞壁画

宫廷演奏的 7 部乐中有 4 部是外来乐，即安国乐、龟兹乐、天竺乐和高丽乐。隋炀帝统治时期，发展为 9 部乐，其中 6 部为外来乐舞，即康国乐、疏勒乐、龟兹乐、天竺乐、安国乐、高丽乐。唐朝在高祖时期沿袭隋制，太宗时确定为 10 部乐，其中的龟兹、天竺、康国、安国、疏勒、高昌、高丽等 7 部乐，都是从中原以外传入的，可见外来音乐对内地影响之大。

唐玄宗创设"坐部伎"与"立部伎"，所表演的乐舞杂以胡夷之伎，说

敦煌壁画中的胡旋舞图

明唐朝能以恢宏的气度吸收外来音乐，允许其在中国自由流传，同时又博采国内外各种音乐舞蹈的精华，创造了新的民族音乐，从而形成了盛况空前、富有时代特点的大唐乐舞。隋唐时期的舞蹈有文舞与武舞之别，主要用于宴会、祭祀等场合，故政治性较强。宫廷、士大夫家中及民间的小型表演性舞蹈则分为健舞与软舞两大类。健舞动作雄捷，节奏明快；而软舞抒情性强，优美柔婉，节奏比较舒缓，属于娱乐性的乐舞。

敦煌壁画中的晚唐乐舞

隋唐历史时期的外来乐舞较多，影响较大的有《胡旋舞》，它本是中亚的民间乐舞，以旋转为主，表演者通常在小圆毡上舞蹈，男女皆可表演；《胡腾舞》，也是中亚的民间乐舞，主要为男子所表演，以腾跃为主，足下亦有圆毡；《柘枝舞》，也是从西域传入的民间舞蹈，有多种表演形式，可以独舞，也可以双人舞；《拂菻舞》，拂菻国即大秦，指东罗马帝国及其东方属地，拂菻舞是当地流行的民间舞蹈；《钵头》，又叫《拔

唐人所绘"宫乐图"

头》《拨头》，是西域传入我国的民间歌舞戏，表现一个西域人被老虎吃了，其子至深山寻找父尸，并捕杀老虎的故事。此乐分为8段，表演者身穿素衣，披头散发，面带哭啼之状。《钵头》也传到了日本，其《古乐面》一书载有《钵头》面具摹绘图，红面、披发、鼻子高大，面貌颇似西域人。此外，来自东南亚的骠国乐对唐朝影响也很大，唐朝的《太平乐》又叫《五方狮子舞》，就是骠国进献的。今天云南流行的《孔雀舞》，也源于骠国

乐舞中的《孔雀王》。

　　唐朝自有的乐舞主要包括：《霓裳羽衣舞》，其乐曲是唐玄宗部分吸收了天竺的《婆罗门曲》创编而成，描绘了虚幻中的月宫仙境，舞时，舞者扮成仙女，舞姿轻盈柔曼，飘逸敏捷，据说杨贵妃表演此舞最为出色，有独舞、双人舞和多人群舞等形式；《秦王破阵乐》，相传李世民为秦王时，击破割据势力刘武周，军中皆歌之，颂扬其赫赫武功；《大傩》，或称《驱傩》，这种舞历史悠久，早在西周时就已经有了傩仪，是一种表现驱鬼逐疫仪式的面具舞。唐代每到除夕之夜，宫廷内都要举行大傩之礼，人数众多，气势磅礴；《兰陵王》，也是唐代流行的一种乐舞，主要是表现北齐

敦煌初唐乐舞临摹（绢本）

西安唐苏思勖墓壁画乐舞图

西安唐苏思勖墓壁画乐舞图

西安唐李寿墓奏乐宫女壁画

西安唐苏思勖墓壁画舞女图

西安唐执失奉节墓壁画舞女图

敦煌唐代反弹琵琶舞壁画临摹图

榆林窟中唐代腰鼓舞绢画

日本人绘兰陵王舞图

兰陵王高长恭作战的场面。高长恭面貌秀美，为了威慑敌军，作战时常戴面目狰狞之面具，后来他被害而死，后人为了纪念他，遂创编了这一乐舞。

唐代乐舞对新罗、日本等国影响很大，新罗曾派人入唐专门学习乐舞，唐朝流行的西域舞《柘枝》也曾流行于朝鲜半岛，其名为《莲花台》的舞蹈即源于此。日本大量引进唐乐，并按日本风格对其进行了改编，这

敦煌唐代弹箜篌壁画临摹图

种改编后的唐乐被称为"雅乐"。在日本飞鸟、奈良时代，凡宫廷仪典、宴享、祭奠乃至民间喜庆节日，都要表演雅乐。唐代的许多乐器也都被引进到日本，如古琴、瑟、筝、箜篌、螺钿紫檀琵琶、螺钿紫檀阮咸等，至今仍保存于奈良东大寺的正仓院。日本引进的唐乐曲达100多首，保留至今的仍有20多首。

宋元时期的音乐与舞蹈在隋唐时期的基础上又有所变化，除了仍然将音乐分为雅乐与燕乐（俗乐）外，由于辽、金、元等少数民族政权先后入主中原，音乐舞蹈中不免融入了一些少数民族的因素。此外，宋元时期杂剧的发展非常迅速，无论城乡都有艺人在演出，并受到了人们的喜爱。

唐代镏金胡人伎乐银杯

另外，木偶戏也有所发展，当时称之为傀儡戏，深为广大人民群众所喜爱。

唐代三彩骆驼伎乐俑

河南禹县宋代墓葬中的乐队壁画

河北宣化出土的辽代散乐壁画

宋代杂剧图

北宋观傀儡戏铜镜

山西侯马金代墓南壁砖雕戏台

由于其占用场地小，设备简单，所需人数少，可以适应各种场合的表演，尤其在乡村颇受欢迎。宋代的乐舞对周边民族及国家也有一定的影响，尤以高丽影响最大。其宫廷乐舞成套地传入高丽的时间，是在宋徽宗政和七年（1117 年），包括乐器、乐谱在内，对当地乐舞的发展起到了极大的促进作用。

东汉击鼓说唱俑

明清时期，中国戏曲发展较快，乐舞在宫廷中已不再占有重要的地位，只是在举行宴乐、礼仪时摆摆排场，以应付典礼。明代雅乐沿袭前代，仍分为文舞、武舞两大类，另还有各种祭祀所用的乐舞。杂剧在当时非常流行，即使在宴享时所用的音乐，也采用杂剧音乐，可见杂剧影响之大。明清两代还有所谓的《四夷乐》，就是在宫内举行宴享时表演各民族的乐舞，以夸耀武功，笼络人心。此外，大量的民间百戏杂技及歌舞也进入了宫廷表演，以粉饰太平。清代中期，出现了京剧，很快便风靡京师，并在全国产生了较大的影响。

敦煌文书《俗讲庄严迴向文》

说唱艺术在我国出现较早，早在两汉时期，

陕西历史博物馆藏金代说唱人物画像砖

宋代大傩图

清代杨柳青年画京剧《战宛城》

清任熊绘《说唱艺人图》

四川地区就已经有了说唱表演。当佛教传入中国后，为了宣扬佛教，扩大其影响，一些僧人开始采用俗讲的形式来宣传佛法，遂形成了一种有说有唱的曲艺表演形式。敦煌文书中就有不少唐代的变文，它就是俗讲的底本，就内容来看有两种情况，一种是佛教故事，另一种则是非佛教故事，这就说明俗讲已经开始脱离佛教向纯说唱艺术发展了，后采用这种表演形式来说唱民间故事和历史故事。到了宋代，无论城乡均出现了大量的变场、讲席、戏场等，成为专门表演说唱艺术的场所。此外，宋代还出现了大量的话本小说，即说书人所用的说书底本。到了明清时期，尤其是清代，说唱艺术的形式更加多样，不少地区都相继涌现了各具地域特色的说唱艺术形式，使得我国的文化娱乐活动更加丰富多彩。

陕西历史博物馆藏唐彩绘说唱俑

绘画与造型艺术

中国古代在绘画与造型艺术方面取得了非常丰硕的成果，历代画风与造型艺术的特点各不相同，其中既有继承，又有发展，同时也受到了外来美术风格的影响。南朝由于佛教艺术技法的渗透，山水画逐渐脱离人物画而自成一体。然而直到盛唐时期，绘画仍以人物、宗教为主，山水画虽未占据主流地位，但已尽脱六朝以来尚未尽除的孩提稚气。五代、两宋时期，山水、花鸟画终于进入了光辉灿烂的阶段，自此，完全成为一个独立的绘画种类，这一时期徐熙、黄筌二体各树一帜。这一点在敦煌壁画中也有所反映，说明内地的画风也影响到了边地。

敦煌第 61 窟壁画《五台山图》（局部）（表现了山水画法上的变化）

敦煌壁画《维摩诘图》（绘画风格与吴道子相似）

图说中外文化交流

在造型艺术方面，我国历代都有许多佳品问世，仅保存至今的美术制品就已经非常惊人。无论是在青铜艺术品方面，还是金银器、琉璃器、三彩俑、玉器、漆器等艺术品方面，都有许多制作精美、造型各异的作品存世，显示了我国美术发展源远流长的特点，并在世界美术史占有非常重要的地位。

郑韩故城出土的东周铜莲鹤方壶

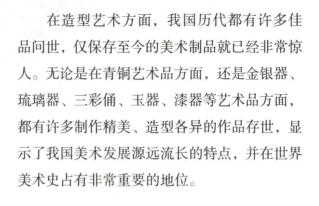

西汉长信宫镏金铜灯

汉窦绾墓出土的铜鸟形灯

陕西雍城遗址出土的战国凤鸟衔环铜熏炉

河北满城出土的西汉错金博山炉

明代掐丝珐琅鱼藻纹高足碗

57

第二章

中外文学与艺术交流

绘画交流主要表现在两个方面：一方面是中国绘画技法和风格对日本、朝鲜等国的巨大影响，另一方面则是中亚、印度绘画风格对中国的影响。日本绘画起步于公元6、7世纪，正是我国唐朝绘画走向鼎盛的时期，中国绘画是日本早期绘画的主要源头，尤其是唐朝绘画。公元9世纪前后，是日本绘画史上的"唐绘时代"，这一时期的日本充分吸收了中国盛唐时期的绘画成就，并涤除其雄壮的浩然大气，形成了感伤优雅的唯美情趣，这才有了以后的"大和绘"。江户时代，日本绘画大胆地把中国画特别是文人画引为己用，这一时期《芥子园画谱》在日本广为流传，出现了日本南画发展的黄金时代，他们以王维为远祖、奉元四家与沈石田、文徵明为楷模，所取的立场与中国明末的董其昌南北宗说并扬南抑北的态度完全一致。而"浮世绘"源于"大和绘"，是一种表现日常生活情趣的

陕西兴平出土的西汉镏金铜竹节熏炉

日本江户时期五彩描金观音像

民间版画艺术形式，随着浮世绘艺术的发展，涌现出了许多著名画师，如菱川师宣都等人，他们都成了西方印象派大师争相效仿的对象。

印度绘画艺术对中国的影响，仍脱离不了佛教艺术，这一点无论是在中国的佛教造像方面，还是在佛教题材的壁画方面，都体现得比较明显，尤其是在中国佛教艺术的

不动明王天盖飞天图　日本京都教主护国寺（9世纪）

日本江户时代的妇人出行图

日本江户时期平八绘《双鹿图》

朝鲜人安坚绘《四时八景图·初冬》　朝鲜人金弘道绘《檀园图》

北魏时期敦煌壁画中的释迦牟尼画像（其中发髻保持了印度原风格）

图说中外文化交流

早期阶段影响更为显著。以敦煌壁画为例，北朝时期的一些以佛像为内容的壁画中，佛的发型、衣饰均保留了印度的原风格。即使是隋唐以来的佛像，无论是雕像还是绘画，其服饰都是印度式样，包括菩萨、侍士、供养人在内，无不如此。比如释迦牟尼涅槃像，像是睡着了，受其影响，几乎中国所有的卧佛都是这个样子；又因其背光是一个半圆的东西，背光后面站着许多外国人（这是印度各宗派各民族人民站在后面来服教的），故中国画的也是这样的场面，即使雕塑的卧佛，后面也要站许多人。再比如印度新德里博物馆收藏的多罗石雕像，其身段、衣饰均与我国新疆、敦煌佛教雕塑和绘画中的人物形象相似，可见其影响之大。初唐画苑中还有着一种散发着异域馨香的创作样式，这就是尉迟乙僧的凹凸法。他是西域的于阗国人，其画法深受印度画法的影响，后人指出其画法"用色沉著，堆起绢素，而不隐指"，其本人是一位以色彩为主要造型手段的画家。这种画法与中国传统的注重线条的画法不同，故对后世影响不大，但其作品形象和造型手段的异域色彩吸引了当时人们的关注，盛唐大画家吴道子也多少吸收了他的凹凸晕染技法。敦煌壁画中至今仍可以看到采用凹凸晕染技法创作的作品，从而使今人可以直观地了解这种画法的艺术魅力。

敦煌壁画中采用凹凸画法所画的人物画

11 世纪印度多罗石雕像

唐镶金牛首玛瑙杯

唐三彩龙首杯（受波斯萨珊风格影响）

大英博物馆藏的兽首杯图（左）与加拿大安大略博物馆藏的兽首杯图（右）

象牙角杯——帕提亚美术（公元前 2 世纪）

宁夏固原出土的北周镏金胡人银壶

中亚出土的索格特银壶（7 世纪，萨珊风格）

在造型艺术方面，除了古代的中国人直接享用外来的艺术品外，其造型及图案风格也对中国产生了较大的影响，从而促进了中国造型艺术的进一步发展。这一点在考古发现的许多艺术品中都有所体现，如陕西出土的唐代镶金牛首玛瑙杯，从其造型来看，与英国博物馆藏的和加拿大安大略博物馆收藏的兽首杯十分相似，显然是受西方艺术风格影响的一件作品。北周李贤墓出土的镏金银壶，与中亚出土的索

唐鹿纹菱花形银盘

唐狮纹金花银盘

河南陕县出土的唐代海兽葡萄纹铜镜

格特银壶造型风格非常相似，显然深受萨珊王朝器皿造型风格的影响。

在金银器皿的制造方面，中国深受中亚、西亚普遍使用金银器风气的影响，也大量地使用金银制造各种器皿，自7世纪末至8世纪中叶的盛唐时期，中国对金银器的制造与使用已经相当普遍。在金银器的造型以及图案风格方面，也不可避免地受到了外来风格的影响。如西安市八府庄出土的狮纹金花银盘，与中亚发现的8世纪下半叶的索格特银盘在造型上十分相似，只是中亚这件银器的图案是鹿纹，而中国则是狮纹。其实在中国发现的唐代金银器中，鹿纹图案的也不少。总之，不管是狮纹还是鹿纹，都是受中亚、西亚风格影响所致。以葡萄纹为图案的唐代器皿也不少，而以葡萄纹为图案则是西域各国普遍存在

8世纪造的索格特鹿纹银盘

的一种风气。在中国发现的金银器中，高足杯为数不少，而将杯子造成高足则是西方普遍存在的一种风格，因此，中国发现的金银高足杯无疑也是受其影响所致。需要特别强调的是，以狮子形象作为石雕作品的主要内容，在南北朝以来已经比较普遍了，而这种风气与印度及西亚并无不同，由于中国不产狮子，故这种风气很可能也是受外来影响所致。

在唐墓壁画中，也可以看出中西绘画风气的相互影响。如陕西西安执失奉节墓与新城公主墓的壁画，与中亚塔吉克共和国片治肯特的一处公元 7 至 8 世纪的居室遗址的壁画内容相似，其人物无论是服饰、发型，还是面貌都基本相同。除此之外，在片治肯特西 70 千米的撒马尔干郊外的阿旨拉西阿勃古城，即昭武九姓之一的康国的都城遗址中，其壁画中

唐狩猎纹高足银杯（中西合璧风格）

山西大同北魏墓出土的馏金镶嵌高足铜杯
（拜占庭风格）

唐代狩猎纹六辫银（日本白鹤美术
馆藏）

唐代双凤蚌形银盒（美国佛利尔美术馆藏）

西安唐李重润墓壁画——训豹图

西安唐新城公主墓壁画——侍女图

西安李重润墓壁画——鹰犬图

阿弗拉西阿勃发现的壁画人物图案

片治肯特发现的壁画人物图案

的人物形象和服饰，都与片治肯特发现的壁画极为相似。这两个地区都是古代粟特人聚居的地方，却在此发现了唐人形象的壁画，说明西突厥崩溃后，当时东西方的文化交流确实已经达到了空前鼎盛的程度。此外，陕西乾陵章怀太子墓发现的击毬壁画和懿德太子墓中的猎豹壁画，以及陕西历史博物馆藏的唐代彩绘骑马猎豹俑，都是受波斯、粟特地区击毬和狩猎中使用猎豹风气的影响。据文献记载，这个地区曾向唐朝进贡过猎豹，因此，唐朝贵族狩猎时带有猎豹便不足为奇了。此外，唐李重润墓壁画中的猎狗细腿长喙，显然是来自中亚乃至西亚的波斯犬。

中国自古以来就是一个崇尚信仰自由的国度，虽然某些历史时期的一些统治者曾一度推崇某种宗教，但总的来看，统治者对其他各种宗教还是多采取了自由传教的政策。正因为如此，世界上重要的宗教都在中国得到过广泛的传播，除了三大宗教，即佛教、基督教、伊斯兰教外，中国本土的道教以及外来的祆教、摩尼教等宗教，都在中国获得了较大发展，有些宗教还从中国又传播到了周边国家，如佛教、道教等，并在这些国家产生了广泛的社会影响。

第三章
中外宗教

佛教的传播与影响

　　起源于印度的佛教，传入中国是在东汉时期。据载东汉明帝（58—75年在位）刘庄曾夜梦金人，身长6丈，项有白光，飞绕于殿廷。次日问群臣为何神？大臣傅毅回答说："西方有神，其名曰佛，形如陛下所梦。"汉明帝遂派人出使天竺（即印度），拜求佛经佛法。汉使西行至大月氏国（今阿富汗至中亚一带），遇到天竺高僧伽叶摩腾、竺法兰，并得到

中国第一座佛教寺院

梵文佛经及释迦牟尼佛像等，汉使便邀请他们同到东汉的国都洛阳。天竺高僧来到中国后，在洛阳从事佛经翻译，陆续译出了《四十二章经》《十地断结经》《法海藏经》《佛本行经》等佛教典籍，汉明帝遂下令将这些经书保存于宫廷图书馆——兰台石室。佛教的合法地位从此正式得到中国政府的承认，由于汉明帝的年号为"永平"，于是佛教史上便称这个事件为"永平求法"。永平十一年（68年），汉明帝下令在洛阳城东12千米处的邙山南麓，修建中国历史上第一座佛教寺院——白马寺。相传其以白马从大月氏国驮回经像，故取此名。白马寺建成后，佛法渐盛，信徒日众，佛教势力逐渐在中国扩大。

经过两晋南北朝的发展，佛教至隋唐时期达到极盛，其在中国的传播越来越广，上至皇帝、贵族，下至普通百姓，都有不少佛教的忠实信徒。伴随着佛教的东渐和佛经的大量翻译，印度的文学、乐舞、杂技、绘画、雕塑、建筑、医学及天文学等，也传到了中国，为中华文化的发展提供了丰富的养分。可以说，佛教在中国的传播，使中国

印度的牙雕骑象菩萨像（7世纪传入中国）

山西五台山圆照寺大殿菩萨塑像

文化第一次受到了大规模的外来文化的洗礼。当然，中国文化并不是全盘照收印度文化，而是对其进行改造，使其适应中国的社会状况，这就是所谓佛教中国化的问题。所谓中国化就是佛教吸收了中国传统儒学的许多思想，我们通常所说的魏晋玄学、禅学、宋明理学，无一不是佛学、道学、儒学思想相结合的成果，它们最终成为中国传统文化的有机部分。此外，中国化的另一表现便是佛教的中国民间化、通俗化以及佛教僧尼日常生活的民族化趋向。例如唐代出现的变文和

初唐时期的观音菩萨（敦煌绢画）　　敦煌晚唐观音菩萨（敦煌绢画）

五台山南禅寺（建于唐建中三年，为中国现存最古的佛教建筑）

俗讲，便是佛教适应中国社会情况的一种尝试。再如观世音一般为男身（其33法身中只有4法身为女像），为了取悦和招徕妇女信徒，也为创造女性神以与众多道教女神一争高下，观音自唐宋以降便完全成为妇女形象。她

元大都遗址出土的瓷观音像　　明代达摩瓷塑立像

山西云冈石窟第九窟前室　　　　　　　陕西西安大慈恩寺大雁塔（玄奘译经处）

慈眉善目，又专职救苦救难，所以深受生活在社会最底层的妇女的喜爱，成为她们的精神寄托，特别是民间还赋予了她"送子娘娘"的功能，以至于送子观音的形象至今仍到处可见。

　　从魏晋南北朝到隋唐时期，中国佛学水平突飞猛进，已经超过了佛教的原生地印度。为了提高中国佛学的水平，在这一历史时期，不少中国高僧西行求法，如法显、玄奘、义净等，他们不仅在印度学习佛法，而且还带回了大量的佛教经典，从而使中国的佛教典籍大大地丰富起来。与此同时，又有大批印度或西域高僧来到中国弘法，如鸠摩罗什、达摩、善无畏、金刚智、不空等，他们对提高中国佛学的水平发挥了积极作用。在历代中国政府的支持下，大量的梵文佛经被翻译成汉文，使得更多的僧人能够修习这些佛经，这对提高中国的佛学水平也是一个有利的因素。所以到了隋唐时期，佛教宗派大量滋生，

陕西法门寺佛指影骨

各种学说纷纷问世，极大地促进了佛学的发展，使佛教达到了一个空前繁盛的程度。中国佛学水平的提高，为佛教从中国向周边地区和国家的传播创造了必要的条件。

中国佛教的外传主要指向朝鲜、日本、越南等国传播，在近代又传到了马来西亚、新加坡和菲律宾，藏传佛教则北上南下传入蒙古、俄罗斯和不丹、尼泊尔、锡金乃至于北印度，由此形成了一个囊括1000多万平方千米、十几亿人口的中国佛教文化圈。中国佛教的外传与印度佛教的东渐有一个根本不同点，那就是尽管它做了许多针对异国国情的嬗变工作，尽管也可纳入橘化为枳的文化改造的大格局，但是，却大体上仍保留了中国佛教的本色，可谓依然是中国文化风骨，这便使得其所流被地（主要指越南、朝鲜和日本）佛教中国化色彩（即儒、释、道三教圆融的色彩）也特浓郁厚重。尽管它们亦显示出不同国情的特色，有诸如日本佛教、朝鲜佛教、越南佛教之称，但却万变不离其宗。而印度佛教传入中国后，却很快便失去了自己母体的本色，被强大的中国文化系统地吞融消化了。形成这种状况的一个重要原因，就在于印度佛教东渐中国是一个发达文明向另一个发达文明做文化交流，而中国佛教外传周邻则是一个发达文明向一些相对不发达文明做文化辐射。此外，还有一个十分重要的原因，

高丽李朝法住寺捌相殿

日本一乘寺三重塔（1171年）

日本奈良药师寺药师如来铜像

江苏扬州鉴真纪念堂

日本高僧空海泛海入唐图

就是中国佛教文化圈内的三个骨干国家，即日本、朝鲜和越南，其本身就是"汉字文化圈"里的三个主要成员。它们在自然地理上同中国山峦相连，一衣带水；在政治经济上则长期唇齿相依，互通有无。他们虽然在很早就拥有了自己的语言，可是却没有自己的文字。他们在过去长达1000多年的岁月里，都一直使用中国的方块汉字来写文章，来表达和交流思想乃至于记录历史。

中国佛教向外传播的方式，大体可以分为两类，即中国高僧的主动弘法与外国僧人来华求法。以日本为例，前一类形式可以以鉴真东渡为代表，后一类形式则以空海来华求法为代表。无论是哪一类形式，都对提高日本的佛学水平和促进其

日本京都神护寺安放的板雕空海像

空海从唐朝带回日本的密宗法器

文化发展起到了极大的作用。鉴真东渡日本时，除了随行的弟子外，还有玉匠、画家、建筑师等能工巧匠，而且还带去了大量的佛经、雕刻、绘画、医药、书帖等，为日本佛教、建筑、医学、文学、书法、工艺美术的繁荣发展做出了巨大的贡献。空海于贞元二十年（804年）来到中国，在长安青龙寺跟从惠果学习密宗，回国时带回180多部佛经，并在日本建立了密宗。他还对中国的文学和文字有深刻的研究，在中日文化交流方面做出了重要贡献。他

吐蕃时期的莲花手菩萨像

利用汉字的草体创制了日文的"平假名"，他所撰写的著名文学作品《文镜秘府论》，对推动日本文学的发展发挥了重要作用，此书近年在中国也出版了。

东南亚的缅甸、泰国、老挝、柬埔寨等国信奉上座部佛教（即小乘佛教）。早在印度阿育王时代，上座部佛教便传入今斯里兰卡，然后再传入缅甸、泰国、柬埔寨等国。我国云南的傣族、布朗族、德昂族等聚居于德宏州和西双版纳州的各族人民，与中原地区不同，均信仰上座部佛教。他们信奉的这种佛教就是从其相邻的缅甸传过去的。

云南西双版纳橄榄坝小乘佛教曼听塔

第三章

中外宗教

关于上座部佛教传入云南的时间，大体上是在公元 7 世纪上半叶。

此外，我国西藏地区信仰的宗教通常被称之为藏传佛教，与中原地区信奉的汉语系佛教也不相同。公元 629 年，吐蕃王朝建立，王朝的第二代君主松赞干布曾数次派人进入天竺学习各种文化知识，同时也学习大乘佛教教义，并带回了大批佛教经典。但这并不表示佛教正式传入西藏，佛教的传入与泥婆罗（今尼泊尔）有极大的关系。公元 639 年，松赞干布娶泥波罗的墀尊公主为妻，从而为西藏与泥婆罗开展文化交流打开了通道。后

元代藏传佛教铜造像——度母

来又与唐朝联姻，迎娶文成公主入藏，又为汉藏文化交流打开了通道。唐朝和泥婆罗都是盛行佛教的国家，在这两位公主的嫁妆中就有多尊佛像，

藏传佛教寺院（西藏桑耶寺）

松赞干布在两位公主的影响下，开始信奉佛教，并公然要求民众也信奉佛教。可以说佛教传入西藏，应该是在松赞干布统治时期，尤其是与唐朝、泥婆罗的联姻和文化交流关系密切。后来西藏又一度禁止佛教，至公元978年，佛教又从西康、青海地区重新传入西藏。这种佛教与早期进入西藏的佛教有所不同，它是与当地文化的斗争、渗透、融合后形成的一种佛教。至公元11世纪初，藏传佛教正式形成。在中国，信仰藏传佛教的民族除了藏族外，还有蒙、土、羌、裕固等族；从地域上看，包括今西藏、青海、甘肃、四川、内蒙古以及云南、新疆的一部分地区。在国外，藏传佛教又传播到印度、不丹、尼泊尔、蒙古等国家。

传入越南的中国佛教，在李朝时达到鼎盛，出现了"百姓大半为僧，国内到处皆寺"的景况。越南主要盛行禅宗和净土宗，禅宗有无言通派和草堂派，陈朝时还形成了竹林禅派，元朝创原韶禅派，大抵皆南禅临济宗一系，曹洞宗影响不大。新加坡也信奉汉传佛教，亦属禅宗和净土宗，分为闽派和粤派，后又出现了儒、道、佛三教与我国东南沿海民间宗教

甘肃拉卜楞寺

山西五台山双林寺千手观音塑像

混合的现象。马来西亚原先信奉大乘密教，15 世纪马六甲王国以伊斯兰为国教，华人移入后大乘佛教渐兴，后又由泰国传入上座部佛教。菲律宾的佛教也是从中国传去的，但自 16 世纪西班牙入侵以来，其便成为"亚洲唯一天主教国家"，现在信仰佛教的主要是华人。印度尼西亚虽然有 90% 的居民信奉伊斯兰教，但在历史上却是东南亚的佛教中心，大乘和小乘佛教都曾经盛行过，密宗一度成为国教，现在全国尚有佛寺 600 多座，信徒 100 多万人。文莱的华人也主要信奉佛教。

道教对外的影响

    道教是中国土生土长的宗教。它是在中国古代黄老学说的基础上，吸取神仙信仰和鬼怪崇拜观念而形成的一种宗教。史学界与道教界一般都认为它形成于东汉顺帝（126—144 年）年间。作为中国传统文化支柱之一的道教文化，曾对中国古代社会的政治、经济和文化思想产生过深刻的影响。

福建泉州宋代石雕老君像

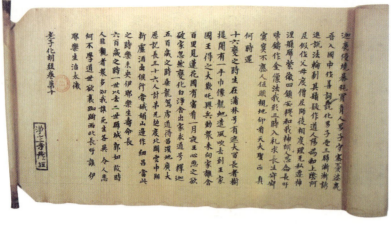

敦煌文书——《老子化胡经》

随着中华民族经济文化的对外交往，中国道教也传向域外。道家思想于公元 4 世纪传入朝鲜半岛。百济的近仇首王（375—383 年在位）还

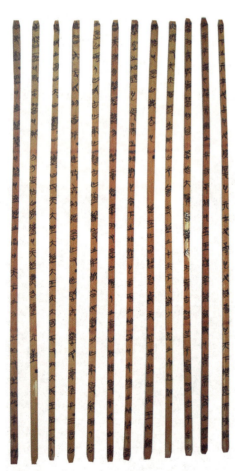

郭店出土的楚国《老子》竹简

是太子时，曾率军与高句丽打仗。一次，他率军将高句丽军队追击至水谷城后，仍打算乘胜追击，遭到将军莫古解的劝阻。莫古解说："我曾闻道家一句话：'知足不辱，知止不殆。'现在我们得地已不少，何必再求更多的呢？"这里所引的"知足不辱，知止不殆"一语，正是出自老子《道德经》第44章。由此可见，道家思想对百济统治阶级的影响之大。据文献记载，唐高祖武德七年（624年），唐朝曾向高句丽遣道士，送天尊像，讲《道德经》，"王与国人听之"。次年，高句丽荣留王又遣人入唐学佛老之法。宝藏王（642—668 年在位）时，更竭力提倡道教，道教的地位随之

迅速提高，已出现跃居儒教之上的趋势。当时的大臣泉盖苏文陈请接受道教以教国人。他向国王上奏说："三教譬如鼎足，阙一不可。今儒释并兴，而道教未盛，非所谓备天下之道术者也，伏请遣使于唐，求道教以训国人。大王深然之，举表陈请。太宗遣道士叔达等八人，兼赐老子《道德经》。王喜，取僧寺馆之。"唐朝道士叔达等 8 人到高句丽后，宝藏王甚为高兴，遂改佛寺为道观，尊道士坐儒士之上。可见道教在高句丽地位之高。

新罗采取亲唐政策，唐王朝崇道的风尚自然会影响到新罗。孝成王二年（738 年），唐玄宗遣邢璹出使新罗，并且让他带去了《道德经》等典籍。唐朝后期，道教的炼丹术传入新罗。最先学习炼丹的，是新罗留唐学生金可纪，他曾在中国入终南山

长沙马王堆汉墓出土的帛书《老子》甲本

修习道教炼丹之术。889 年，入唐的新罗学生崔承祐也在唐朝学道炼丹 3 年。他回国后，传道于李清，李清传道于慈惠和明法，慈惠又传道于权清，权清再传道于契贤。权清和契贤都是高句丽时代的丹学大师。他们所习授的炼丹术，属于唐朝的内丹，即企图通过自身精、气、神的内在修炼，凝成金丹而成仙。于是，以修炼自身为中心的中国道教内丹学在朝鲜半岛发展起来。

公元 918 年，王建（897—943 年）建立了高句丽王朝。王氏高句丽统治 474 年间，历代国王均崇信道教，这是因为他们受到了道教十分繁荣的北宋的影响的缘故。道教的斋醮由国家举行，主要目的是为了祈祝国泰民安、时和岁丰、国王长寿安宁，也是为了祈解灾害。北宋宣和时徐兢奉使高句丽，曾对道教在高句丽的发展和传播情况有过详细的记载。公元 1392 年（明洪武二十五年），李成桂（1335—1408 年）推翻王氏高句丽建立了李氏朝鲜，传位 26 代，历时 500 余年，公元 1897 年改国号大韩。李朝统治的 500 年间，从总的情况看，采取了崇儒斥佛、道的政策，一开国便压制道教，使道教遭到了很大的打击。然道教毕竟在朝鲜传播了千余年，无论在民间还是在上层社会均有相当大的影响，不是完

南华经（庄子撰，续古逸丛书本）

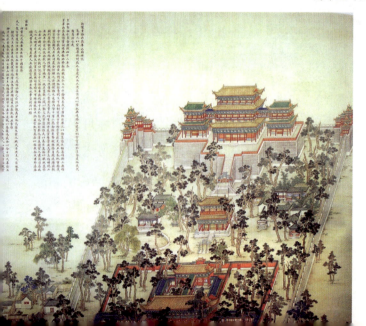

清代所绘华册西岳庙图

全可以打压下去的，直到现在韩国仍有道教组织，并已取得合法的地位。

关于道教是否传入日本的问题，日本学术界存在争议，但无可怀疑是，道教典籍大约于 7 世纪初便经由百济传入日本。公元 602 年，百济僧人劝勒赴日本时，曾带去了属于道教的遁甲和方术方面的书籍。7 世纪末编辑的《日本国见在书目录》就收有与道教有关的诸多书籍，诸如《老子化胡经》《太上老君玄元皇帝圣化经》《本际经》《太上灵宝经》等 63 种。8 世纪末，日本僧人空海入唐求法，回日本后著有《三教指归》，对儒、佛、道三教的优劣做了比较。成书于公元 712 年的日本古籍《古事记》和成书于公元 720 年的《日本书纪》，很明显地以道教的哲学思想为主旨来论述宇宙生成论。藤原明衡于 11 世纪编著的《本朝文粹》，载有公元 870 年春澄善绳和都良香关于"神仙"问对的文章，不仅大量使用了道教仙境、道术词语，而且还提及三十六洞天、七十二福地和青童君。这些史料表明，至迟在唐代，道教文化已在日本受到官方和民间的重视，对日本社会产生的影响是广泛的，在哲学、民俗、医学、神道等方面都有所体现。

越南与中国山水相连，从古代起就和中国有密切交往，道教在越南得到传播乃是十分自然的事。据越南史书记载，道教首先由交趾太守张津于公元 207 年传入越南。继张津之后任交趾太守的士燮，治理交趾达 40 余年，他曾广招天下名士，许多中原人士前去投奔，其中不乏道家术士。他们传道说教，使道教在越南的传播进一步扩大。在唐代，安南的道教很盛行。据《交州八县记》载，越南北部除有 88 座寺庙外，还有 21 座有名的道观，而修建于 650—655 年的白鹤（越池）通圣观一直保存到 14 世纪。在吴朝、丁朝、前黎朝、李朝、陈朝五朝，长达400 余年（939—1399 年）

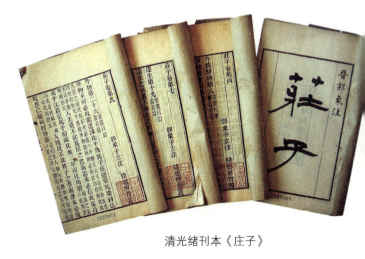

清光绪刊本《庄子》

期间，越南虽已独立，但在宋朝的影响下，再加上本国统治者的倡导，中国的儒、佛、道三教的影响仍然很大。丁朝（968—979年）统治时期，始定文武僧道阶品，开三教并存局面，并为此后各朝所沿袭。公元1018年，宋真宗赐给越南李太祖道藏经典。李朝统治时期，科举考试中开始将儒、道、佛三家经典并用。

1428年，黎利建立后黎朝（1428—1789年），为巩固新王朝，从儒学角度来整顿封建等级秩序，同时对佛、道实行抑制政策，令僧道均参加考试，中者为僧道，落第者勒令还俗，致使道教的地位每况愈下。1802年，阮福映建立了阮朝（1802—1819年），他继承后黎朝传统，继续独尊儒学，致使道教走向没落。但由于道教流传时间很长，已成为越南文化的一部分，直到近现代其影响仍然存在。

《八十七神仙图卷》（局部）（相传为唐代吴道子绘）

延年益寿瓦当

唐代石榴形银丹药罐

此外，道教还在新加坡、马来西亚、老挝、柬埔寨、泰国、缅甸、印尼、文莱、菲律宾等国传播。

中国道教对西方国家的影响不大，且时间也晚得多。老子的道家思想早在19世纪时就已开始在欧洲传播，英国于1868年在伦敦出版了《老子》的第一个英译本，译者是伦敦会的传教士湛约翰。130多年后的今天，英国仍在出版新的英文版《道德经》。在英国翻译出版的图书中，中国道教《道德经》的出版次数，是除了基督教的《圣经》外，没有任何一本书可与之相比拟的，就世界范围而言也是如此。至于信仰道教的英国人也是大有人在，所以英国道教协会才于1995年在伦敦成立，它致力于传播道教知识。道教传播较早的欧洲国家还有俄罗斯，1831年，东正教传教士撰文向俄国人介绍中国道教。在此之后，又有好几位东正教人士对道家经典《列子》《老子》进行了翻译和研究。连大文豪托尔斯泰（1828—1910年）都迷上了道教，他非常喜欢《道德经》。在法国、美国、加拿大、澳大利亚、比利时等国，对道教也都有不同程度的研究，有的国家还成立了专门的研究机构或组织。也有一些西方人士真正信仰道教，甚至出家者亦有之，但是人数比较有限，因此，道教在这些国家的影响，远不能与亚洲国家相比。

西安出土的唐代红光砂及药盒

陕西户县道教全真派祖庭重阳宫

图说中外文化交流

基督教、祆教的传入

  基督教最早传入中国是在唐朝，当时称之为景教。这一时期的景教主要是指基督教聂斯脱利派，这一教派的名称是根据其创始人聂斯脱利的名字而命名的。景教在唐代又称波斯教或波斯经教，后来还有弥施诃教或迷诗诃教的称呼。在汉文中，"景"有光明和宏大的含义，所以聂斯脱利派的信徒以之为教名。在唐代的景教文献中，教称景教，教会称景门，教堂称景寺，教主称景尊或景日，景教徒众称景众，教士称景士。此外，还有景风、景力、景福、景命等专门的词语，甚至教徒的名字也多以"景"字命名，如景净、景福、景通等，可见景教是当时对这一教派最常见的称呼。

  景教是叙利亚人聂斯脱利（约380—451年）所创，最初流行于叙利亚、波斯，其特点是不拜圣母。聂斯脱利死后，其教义和信徒随着丝绸之路依次向东方传播，除了叙利亚、波斯外，也流行于印度、阿拉伯和

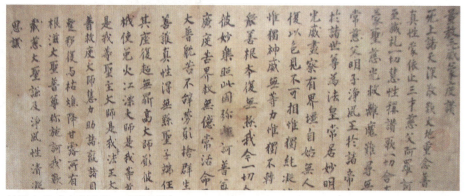

敦煌文书《大秦景教三威蒙度赞》

中国等地。贞观九年（635年），景教教士阿罗本自波斯来到长安，这是景教传入中国之始。贞观十二年，唐太宗下令在长安建波斯寺一所。高宗时又令诸州置寺。玄宗天宝四载（745年），令两京及诸府郡波斯寺改为大秦寺。想见景教的传布，早已不限于长安。德宗建中二年（781年），建立"大秦景教流行中国碑"，此碑现存于西安碑林。

陕西发现的大秦景教流行中国碑

"大秦景教流行中国碑"碑文为大秦寺僧景净撰，记述了景教自公元635年以来在中国的发展情况。此碑发掘出土的年代为1625年，湮没近1000年。碑文用汉字和叙利亚文撰，碑的左右方及上下所刻的6名景教传教士中，也有不少波斯人。

景教传入中国后，极力顺应中国固有的宗教迷信和宿命论思想，不但袭用道、佛二教经典词语、模式，而且接受了"尊君"的儒家思想，以代替基督教的教皇至上主义。景教徒以"尊君事父"为号召，表现出向中国传统思想妥协的倾向。会昌五年（845年），在唐武宗禁毁佛教的同时，朝臣上奏认为唐朝境内所有的外国宗教都属于"邪法"，建议进行一体打击。文献所说的"其大秦、穆护等祠，释教既已厘革，邪法不可独存。其人并勒还俗，递归本贯充税户。如外国人，送收本处收管"。

新疆高昌古城发现的景教"圣枝节"图壁画

米兰遗址寺庙中的天使壁画

太原天主教堂

元代也里可温教徽章之一

元代也里可温教徽章之二

这里所谓的"大秦"就是指景教，而"穆护祆"就是指祆教。这一行为，导致景教徒和祆教徒共有3000余人被迫还俗。

自唐武宗禁毁以后，景教在唐朝逐渐绝迹。据10世纪成书的阿拉伯人阿布·法拉至撰写的《书目》记载，回历纪元377年（公元987年），有一位教士称，他在7年前，受亚美尼亚教长的委派，与5名教士一起前往中国，处理教会事务。据他们了解到的情况，"中国基督教已全灭绝，本地基督教徒皆遭横死，他们使用过的教堂皆被毁灭，全国只剩一个基督教徒"。他们遍寻各地，竟无一人可与授教，因此只好尽快返回复命。这一记载准确地反映了基督教在中国内地濒于消亡的事实，但是在中亚和中国西北地区，景教却并没有完全绝迹，直到十二三世纪时，随着成吉思汗的征服，景教再次卷土重来，当时称之为也里可温教。它曾盛行于东方各地，后来又随着元朝的灭亡而再度衰落。

基督教在黑水城地区也有所传播，13世纪黑水城出现了聂斯脱利教派。它主要由叙利亚人、粟特人和其他民族的基督徒组成。13世纪70

新疆高昌古城发现的景教人物像壁画

图说中外文化交流

位于北京社科院内的西方最早的传教士利玛窦墓碑

年代，聂斯脱利教派长老玛尔·亚伯拉罕在由元大都去巴格达的途中曾与其同伴访问过唐古特地区（额济纳），他在记述这次旅行时说："男人、女人、少年和孩子们都出来迎接，这里居民的信仰总是很强烈，他们的思想也非常纯洁。"当蒙古大军灭亡西夏时，黑水城也遭到了蒙古军队的围攻，并在城破后被烧杀抢掠，致使黑水城遭到破坏，战后劫余的一些人也都陆续迁出了这里，遂使这里的基督教活动停止。

基督教再次进入中国是在明朝中叶，当时来华传教的几乎全由耶稣会会士所包办，他们之中有著作可考的约为70人，早一些的有利玛窦、艾儒略，稍晚一些的有汤若望、南怀仁，下迄清朝乾隆时的戴进贤、蒋友仁等，均为耶稣会会士。就国别而言，主要是葡萄牙和意大利人，乾隆时期主要是法国人。其活动范围主要在南方各城市及北京等地。他们在传播基督教的同时，也为中国带来了西方的科学技术，对中西文化的交流起到了比较积极的作用。鸦片战争以后，战胜国挟战胜之余威，胁迫清政府允许其在中国自由传教，于是基督教便在全国各地陆续建立了不少教堂；与此同时，他们也创办了一些慈善机构，晚清时

北京的西方传教士墓地

甚至利用中国战败的赔款创办了一些教会学校，这些学校在教授科学知识的同时，也宣传基督教的教义，扩大其影响。

祆教，又称火祆教或拜火教，为波斯人琐罗亚斯德所创，流传于波斯和中亚诸国。其教义说宇宙间有光明的善神和黑暗的恶神，二者互相斗争，以火代表善神而加以崇拜，也拜日月星辰及上天。祆教传入中国比较早，最晚在西晋末年，即公元4世纪初，就有祆教徒在中国活动了。唐时，中亚一带的康国、石国、安国、曹国、米国、史国都是祆教的信奉者。祆教也进而传入新疆境内的于阗、焉耆、疏勒、高昌。西域各族人相继来到长安，祆教随之在长安日益流行。唐朝政府中设置的萨宝府，就是管理祆教的机构。萨宝（回鹘语，原义为商队首领）就是管理祆教

波斯波利亚的祆教最高神阿胡拉马兹达雕像

虞弘墓出土的祆教圣火坛与祭司石雕图案

陕西西安出土的北周安伽墓石门上所雕的祆教祭坛

祆教四壁女神像

史君墓石椁南侧的祆教祭司与火坛图

北周安伽墓出土的粟特人从事各种活动的石围屏图案

的专官。唐高祖武德时，在长安布政坊建胡祆寺，太宗贞观时在崇化坊
立祆寺。长安醴泉坊、普宁坊、靖宁坊也都有祆教的祠寺。祆教在长安，
确曾一度得到唐政府的扶持，但是唐政府却禁止中国本地人信奉祆教。

会昌五年（845年）武宗毁佛，祆教也在被禁之列。上文提到，祆教与景教共有3000余人被迫还俗。但是从以后的记载看，祆教并未由此绝迹，9世纪中叶以后敦煌仍有祆教活动的相关记载。不仅在敦煌这样的偏僻地区如此，就是在内地的大都市中，也可以看到祆教活动的迹象。据北宋末年张邦基记载，宋东京城北有祆庙，京城人畏其威灵，非常重视祆神的祭祀。最重要的是，他详细记载了世代担任祆祝的史世爽的家世，并描述了其亲眼见到的史氏家族珍藏的三件牒文。这些牒文都是在前朝由官方颁发的。一为"怀恩谍"，是在唐咸通三年（862年）由宣武节度使令狐绹颁发的；第二件为"温牒"，是五代周显德三年（956年），端明殿学士、权知开封府王朴颁发的；第三件称"贵牒"，是在显德五年（958年）由王朴颁发的。张邦基对此感到非常惊讶，称："自唐以来，祆神已祀于汴矣。而其祝乃能世继其职二百年，斯亦异矣。"以其姓氏言，史世爽家族无疑是粟特胡人，令狐绹为史氏颁牒之时，上距唐武宗禁佛只有18年，可知禁毁是非常不彻底的。

历五代至北宋末年，200年间祆教一直流传不绝。除了汴京之外，张邦基还指出："镇江府朱方门之东城上乃有祆神祠，不知何人立也。"此外，瀛洲乐寿县建立于唐穆宗长庆三年（823年）的祆祠，也一直保存到了北宋熙宁年间（1068—1077年）。祆教生命力之强，于此可见一斑。北宋以后就再难见到有关祆教在中国活动的记载了。

祆教徒安伽墓中的石雕画《访问突厥图》　祆教徒安伽墓中的石雕画《会盟图》　山西祆教徒虞弘墓中的石雕画《骑象狩猎图》

摩尼教、伊斯兰教的传入

摩尼教为波斯人摩尼所创，一称明教，3世纪中叶主要流行于波斯。后来由于波斯国内对该教进行查禁，摩尼教从3世纪后期向外地转移，遂在阿塞拜疆、小亚细亚、中亚、北非等广大地区都建立了摩尼教团，并进一步向西传入欧洲各地，

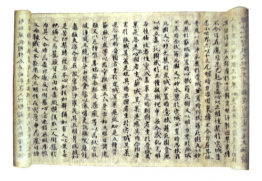

敦煌文书中的《摩尼教经》

向东传入了中国和印度，成为跨亚、非、欧三大洲并具有世界性影响的宗教。

摩尼教的基本教义是"二宗三际论"，二宗即光明与黑暗，三际是指初际、中际、后际。摩尼教认为光明与黑暗是世界的本原，光明王国光明、洁净、和善、快乐，是美好的所在；而黑暗王国则充斥着污秽、毒恶、愚痴、残暴，是邪恶的化身。在初际，光明与黑暗相互对峙，各不相扰；到初际末期，黑暗王国入侵光明王国，在光明与黑暗的斗争中，生成了日月星辰、天地山川和人类世界。为了拯救人类，光明王国的最高统治者大明尊派遣使者先后下生人间，给人类带来启示，而摩尼则是继琐罗亚士德、佛陀、耶稣之后的最后一位使者。中际随着光明王国的胜利而终结。在所谓后际，光明与黑暗判然两分，与初际相比，黑暗已经被牢牢地禁

西安出土的唐代鹿纹十二瓣银碗
（西亚、中亚风格）

锢了起来，永远失去了入侵光明王国的可能。摩尼教要求教徒应节制欲望，不食荤，不饮酒，不祭祖，白衣白冠，死则裸葬。

武则天延载元年（694 年），波斯人拂多诞把摩尼教的《二宗经》传入中国。开元七年（719 年）吐火罗国进献了一位精通天文的摩尼教传教士。大概在此时摩尼教已在长安、洛阳等地传播开来。安史之乱后，回纥兵入洛阳，毗伽可汗在洛阳遇摩尼教士传法，遂与睿息等四教士一同回国，摩尼教从此又自唐朝传入回纥。后又因回纥助唐平乱有功，得到特殊待遇，摩尼教徒恃势，传教活

高昌回鹘时期摩尼教书卷插图

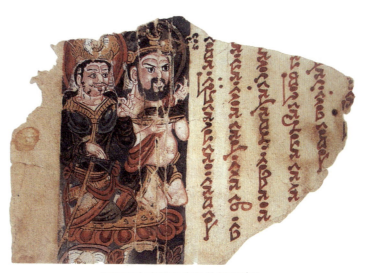

新疆库车发现的摩尼教经典残片

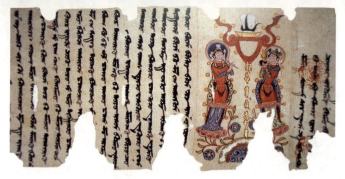

新疆吐鲁番出土的粟特文摩尼教徒书信

新疆楼兰城遗址中发现的摩尼教壁画

动更为频繁，从而促使摩尼教更加风行于唐地。代宗大历三年（768年），唐朝准许回纥在长安建大云光明寺。除长安、洛阳外，摩尼教也在南方各商埠流行。由于摩尼教主要是在在华的胡人中传播并为其信仰，汉人中信仰的人并不多，所以摩尼教活动往往在那些粟特商人聚居的地区。除了长安、洛阳、太原外，摩尼教徒首先选择在江淮流域商业活动最繁荣的荆州、扬州、洪州、越州等地建寺，这些地区不仅多是极为著名的商业都会，而且多以对外贸易繁荣而著称。

唐武宗时回鹘（纥）势力衰落，摩尼教失去凭依，归于衰落。此后，传入中国的摩尼教与中亚地区的摩尼教团失去了联系。内地的摩尼教分为两途：一种转向地下，与中国历史上传统的秘密结社和佛教异端合流，在下层普通民众中广为流布，与其他民间秘密结社和异端一起被统治者总称为"吃菜事魔"；另一种则继承并保持了摩尼教的寺院制度，采取了"道化"或"佛化"的形式，远离尘世，在寺院中修行摩尼之法。摩尼教寺院主要存在于宋元时代的东南沿海地区。而在我国新疆的吐鲁番地区，在回鹘西迁之后，摩尼教也继续得到回鹘统治者的信奉，与佛教并行不悖，直到数百年后才绝迹。

高昌古城中发现的摩尼教书卷残片　　　　福建泉州摩尼教草庵

　　摩尼教对贫苦民众还是有一定的吸引力的，在中国封建社会后期的农民起义中，产生过较大的影响。有些农民起义利用摩尼教的明暗相斗术来动员民众，五代时在河南陈州（今河南淮阳）起义的母乙、董乙等，就是利用摩尼教来号召民众的。摩尼教对五代、宋、元、明、清的秘密宗教组织明教、白云教、白莲教均有过重要的影响。

　　公元7世纪初叶，穆罕默德（约570—632年）在阿拉伯半岛通过"宗教革命"创立了伊斯兰教。穆罕默德有一条圣训："学问，虽远在中国，亦当求之。"说明当时阿拉伯人对中国已有了相当的了解。最早将伊斯兰教传入中国的是唐代穆斯林商人。

耶路撒冷圣石圆顶寺（现存最早的伊斯兰建筑）

在唐代，阿拉伯和中国的交通往来已具相当规模。通路主要有两条：一为陆路，经波斯及阿富汗到达新疆天山南北，再经青海、甘肃直至长安（即西北陆上丝绸之路）；另一条为海路，从波斯湾和阿拉伯海出发，经孟加

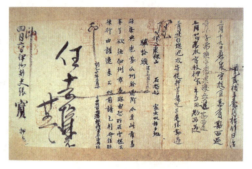

唐代过所出入境证件

拉湾过马六甲海峡至南海到达广州、泉州、杭州、扬州等地。

唐朝人称阿拉伯为大食。经由上述陆、海两路来华的大食使者、旅行家、商人、匠人等人数不少，其中尤以穆斯林商人为多。他们以贩卖珠宝、香料和药材为业，因宗教与生活习俗相同而聚居。他们的聚居地当时称为"蕃坊"，在"蕃坊"内，唐政府允许他们从事伊斯兰教宗教活动。于是，这些最早来中国"住唐"的人，便成为最早把伊斯兰教传入中国的传教者。"蕃坊"便成为唐代伊斯兰教传入中国的早期组织形式。可见伊斯兰教早期向中国传布的一个特点，就是以经商为主要方式的和平传教。这一时期，伊斯兰教与政治、经济、文化、习俗密切结合在一起，具有明显的政教合一性质。但是，"蕃长"要由中国政府审批和任命，负有为中国政府招邀

泉州伊斯兰圣墓外景（唐高祖武德年间，伊斯兰教先知穆罕默德的门徒三贤、四贤来泉州传教，死后葬于此处）

明正德阿拉伯文铜香炉（明政府为表示尊重伊斯兰教而铸）

外商的责任，在一定程度上接受中国政府的管辖和领导，为中国政府服务。这说明"蕃坊"内的伊斯兰教，虽属外来民族或侨民的宗教，但它毕竟迈出了外来的伊斯兰教与中国传统文化交流融合的第一步。

唐代史籍称伊斯兰教为"大食法"。在唐代的中国人中，信仰伊斯兰教的人数极其有限。因此，伊斯兰教作为一种外来宗教，所给予唐代人在文化、精神、生活上的影响不是很大。唐末，黄河流域战事频仍，五代时期尤为剧烈。相对而言，五代时期长江以南的各个小国比较安宁，经济也比较繁荣。特别是闽、粤地区，由于濒临海疆，坐收外贸之利，广州、泉州之繁华甚至超过昔日之盛唐。这一时期，大食同中国北方各国的交往因陆路受阻几乎断绝，而同南方各国的交往因海路的畅通发达而继续发展。于是，伊斯兰教传播的重心由中国西部转移到南部。在五代十国时期，中国东南沿海的几个小国出现了一个新的商业阶层——"蛮裔商贾"，他们就是久居汉地的唐时称之为"蕃商胡贾"的后裔。由"蕃商胡贾"发展为"蛮裔商贾"，表明伊斯兰教在中国落地生根。如果说唐代"蕃商胡贾"尚有"外夷"的味道，那么五代的"蛮裔商贾"则说明他们落籍有年，已经完全是中国人了。宋元以后，伊斯兰教主要在今中国新疆地区传播，内地虽有传播，但影响不大，直到清代才有所改观。

新疆莎车加满清真寺

社会习俗具有深刻的文化内涵，它既是某个民族长期以来社会生产与生活方式的积淀结果，又深刻地反映了这个民族的基本文化特征。它的最终形成既有地理环境的影响，又与社会环境有着密切的关系。在这方面，我国由于所处的地理位置方面的原因，以及古代航海技术方面的限制，主要是与陆上周边国家或地区交流得多一些，与海外各国的交流相对少一些。这种交流的结果，一方面促进了我国社会习俗的发展变化，另一方面也对周边邻国尤其是东亚地区产生了很大的影响，推动了其社会的进步，同时也对东亚汉文化圈的形成，具有积极的促进作用。

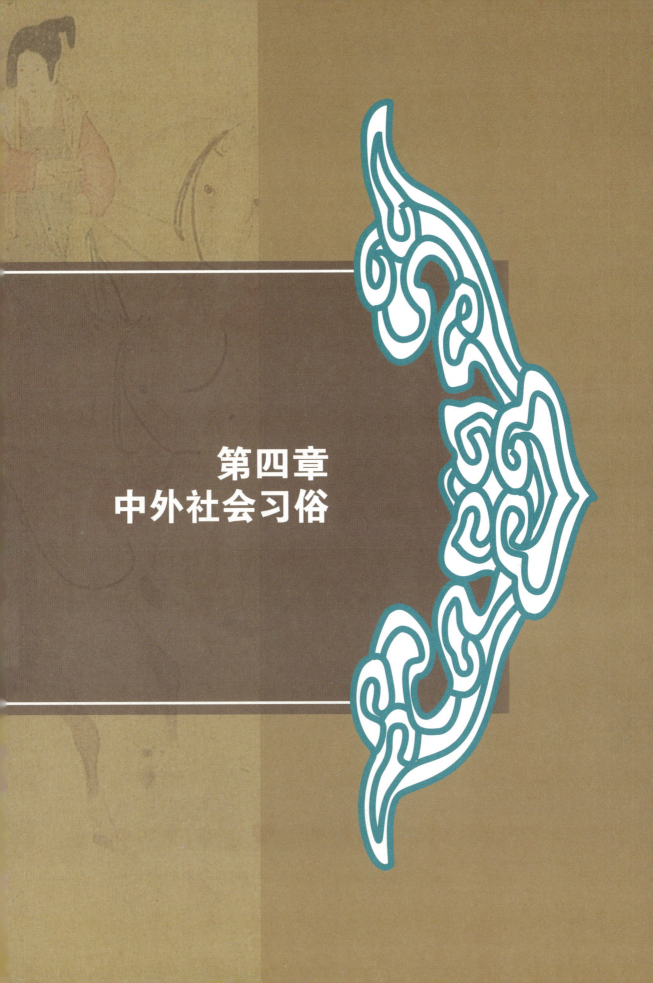

第四章
中外社会习俗

图说中外文化交流

服饰文化

　　我国历代的服饰颇不相同，变化较多。先秦至秦汉时期对外交流不多，故在服饰方面无论是我国对外的影响，还是外来服饰对华的影响都非常小。自魏晋南北朝以来，尤其是隋唐时期，民族与人口迁徙非常频繁，对外经济、文化交流十分繁盛，这促使中原的服饰受周边民族及外国的影响愈来愈大。具体而言，主要在以下几个方面受到一些影响。

　　幞头，是古代男子头饰的一种，实际上是将一块整幅的皂绢裁出四角，其中两角系在脑后，另两角反系于头顶。幞头出现于南北朝后期，历唐、宋、元、明四朝，直到清初才被满式冠帽所取代，其形制及变体影响了一千余年。在幞头出现之前，民间则流行包头布，东汉以来又从包头布变成了幅巾，从幅巾才又变成幞头。最初幞头是直接裹在发髻上的，

敦煌壁画——唐代供养人像（头戴幞头、身穿缺骻袍）

看起来比较低平。后来出现了垫在幞头里面的巾子，遂将巾子罩在发髻上，然后再裹以幞头。这样就使得幞头的外形变化多了起来，从而可以裹出不同的式样来。幞头不仅在宫廷、官员中广泛流行，而且社会的各个阶层也都非常喜欢幞头。幞头是唐代非常流行非常常见的男子头饰，但它并不是直接从幅巾承袭而来，而是从鲜卑族的所谓"突骑帽"演变过来的。

五代周文矩绘《文苑图》（局部）（请注意图中人物的幞头）

元朝王振鹏绘《伯牙鼓琴图卷》（局部）

图说中外文化交流

胡帽，主要是从西北或北方少数民族中流传到内地的。胡帽也有不同的样式，主要有浑脱帽、卷檐虚帽、搭耳帽等几种。唐初，长孙无忌用黑羊毛制成浑脱毡帽，天下纷纷仿效，后因长孙无忌封赵国公，人们又将这种胡帽称为"赵公浑脱"。卷檐虚帽是以锦、毡、皮缝合而成，顶部高耸，帽檐部分向上翻卷，由于这种胡帽顶尖而中空，所以称为虚帽。搭耳帽一般是用羊皮缝制的，帽顶尖耸，两侧缀有护耳。冬季天寒外出时，可将护耳垂下御寒，因此才叫搭耳帽。宋明以来，中原地区戴胡帽的逐渐少了，因为它们已被改造得完全汉族化了，人们不再视其为来自异族的帽子了。

缺胯袍，又称缺胯衫，是一种在衣侧开衩的圆领长衫。这种长衫的衩口最初较低，后来越变越高，直抵胯部，故称缺胯袍。这种长衫

唐代带浑脱帽的仕女图

金张瑀绘《文姬归汉图》（局部）（图中人物所戴即搭耳帽）

是在旧式鲜卑外衣的基础上，参照西域胡服改制而成的，在北朝时已经流行。由于这种服装在日常生活和生产中具有便利实用的特点，在隋唐时期很快普及。官员和普通百姓都穿这种服饰，只是用不同的颜色来区别高低贵贱，此外，制作袍服的材料差别也很大，普通百姓只能穿本色的麻衣，为了便于劳作，他们平时都将袍角提起，扎在腰带间。宋元以来，

唐代官员常穿戴的缺骻衫和幞头

明人《古贤诗意图》中的男子服饰

明杜堇绘《宫中图》（局部）（请注意图中人物的发型与袍帽）

新疆吐鲁番阿斯塔那出土的唐代女骑俑（头戴幂䍦、面纱）

这种袍衫一直流行，虽然有所变化，但基本形制变化不大。

我国上古时期的妇女通常是不戴帽的，西域及北方少数民族地区由于天气苦寒或风沙较大，妇女外出多要戴帽。这种风气随着内地对外经济与文化交流的发展，也影响到了内地妇女，并且一度成为风尚。其种类有多种，其中有特色的是幂䍦与帷帽。幂䍦是北朝时从北方和西域传入的一种女帽，样子像笠状帽，帽檐周围下垂有网帷，称之为"裙"，有的长可过膝，可以将骑在马上的妇女全身遮蔽，有的网帷上面还缀有珠玉。这种幂䍦风行于隋及唐初的北方地区，在中原地区也有戴这种帽子的。这种帽子入唐以后并没有流行多久，到唐高宗永徽年间（650—655 年）以后，戴的人少了，而帷帽却开始流行。所谓帷帽，也是斗笠状的帽子，四周垂布帛或网，比较短，只垂到脖子，也许是由幂䍦发展而来的，原也为旅行之人遮蔽风沙所用。到中宗朝（705—710 年），幂䍦彻底消失，帷帽大行于世。再往后到唐玄宗开元年间（713—741 年），戴帷帽的也不多了，很多妇女又喜戴胡帽了。这种胡帽不用说原是西域或吐蕃人所戴的帽子，种类有许多，一般说来都是顶比较尖，有的帽耳经常上翻，有的缀有毛皮或毡，多数都有绣花。再以后，具体时间大约是在唐玄宗以后，妇女们

新疆出土的唐代彩绘女俑（头戴帷帽）

唐郑仁泰墓出土的戴帷帽的女俑

虢国夫人出行图（集中反映了盛唐贵族妇女的服饰情况）

西安唐段简璧墓壁画——穿男装、腰系鱼袋的女官（左）与执扇侍女（右）

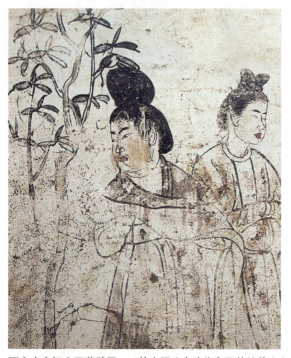

西安唐章怀太子墓壁画——侍女图（右边为穿男装的侍女）

又喜欢什么帽子都不戴，"露髻"出行了。实际情况是，唐后期仍有戴帽、戴笠的妇女，不过终究比较少。宋明以来，中国的妇女基本不再戴帽，只是在发髻上插各种首饰。

唐代一度非常流行妇女穿男装，这一点在已经出土的唐墓壁画中就有所反映。此外，传世的《虢国夫人游春图》中也有这种装扮的妇女形象。图中虢国夫人姐妹均着男装，而其他陪同妇女却是女装。马缟的《中华古今注》卷中说："开元初，宫人马上着胡帽靓装露面，士庶咸效之。至天宝中，士人之妻着丈夫靴衫鞭帽，内外一体也。"可见女着男装先是在宫中流行的，然后才在社会上流行，这一点已经从出土的壁画中得到证实，而且她们多穿异族男子服饰，反映了唐代宽松的社会风气。昭陵陪葬墓出土的女俑中，就

唐代妇女所穿的胡服展示图1
（翻领、窄袖、腰束革带，为
典型的回鹘风格服饰）

唐代妇女所穿的胡服展
示图2

日本圣德太子图（中间为圣德太子，他身穿缺胯衫、头戴幞头）

有穿男装着波斯裤的女子，所谓波斯裤就是红白相间而宽大的裤子，其裤角缩小，类似于今天新疆有些维吾尔族人所穿的裤子。

　　中国的服饰对日本等国也有很大的影响，早在养老三年（719年），日本元正天皇就下诏令全国百姓，衣着皆仿唐式，采用右襟等制衣方法。弘仁九年（818年），嵯峨天皇再次下诏规定："男女衣服，皆依唐制。"唐代大诗人王维

唐代妇女所穿的胡服展示图3（回鹘服，但领口和腰身与前述不同）

在送别晁衡的诗序中也说日本"衣裳同乎汉制"。日本人今天所穿的"和服"仍有当年唐服的影子，只是日本人根据自己的实际情况，在衣服的装饰上略有修改而已。

西安唐段简璧墓壁画——侍女图

明朝仇英绘人物故事图中的妇女衣饰

两宋以来，辽金元等少数民族相继入主中原，因为他们没有强制推行服饰的统一，对中国内地的服饰影响不大。自从清朝统一中国后，强制推行满族服饰及发型，致使中国内地的服饰发生了较大的变化，旗人服饰代替了明朝的汉人服饰，不过这种变化终究是中华民族内部的事情，与对外文化交流并无关系。

元代贵族妇女的服饰

西夏妇女的服饰

清代汉族的服饰

化妆习俗

我国历代妇女化妆方面变化最大的是隋唐时期，这与唐代开放的社会风气紧密相关，其他各朝虽有变化，但终究不大，故主要以这一历史时期为例，介绍外来或异族文化对中国内地女性化妆方面的影响。

唐代豹斑玉粉盒

唐代胭脂盒

楼兰古城遗址中出土的藤妆奁与铜镜

新疆包孜东西汉墓出土的画眉笔

　　画眉　唐代流行的画眉名目虽然很多，如横云眉、斜月眉、小山眉、垂珠眉、五岳眉、月棱眉等，但从形状来区分，主要是八字眉、柳叶眉、蛾眉等几种样式。从画眉所用的颜色看，主要有黑色、绿色、翠色等。所谓八字眉，大约出现在 8 世纪中叶，当时受吐蕃风气的影响，各地流行八字眉，就是将眉毛画成八字，与人哭泣时的形象相似，所以这种妆饰又称"啼眉妆"。白居易《时世妆》诗"双眉画作八字低"，指的就是这种眉式。

画杏叶眉的唐代妇女

新疆阿斯塔那绢画——胡服美人（施花钿、点唇）

陕西礼泉县郑仁泰墓出土的唐代彩绘女俑（蛾眉）

新疆吐鲁番唐墓壁画——仕女图（点红唇、施花钿）

点唇　这是面部化妆中非常重要的部分，可以起到画龙点睛的作用，所以非常受重视。唐代点唇的名目繁多，有石榴娇、大红春、小红春、嫩吴香、半边娇、万金红、圣檀心、露珠儿、内家圆、天宫巧、淡红心、腥腥晕、小朱龙、格双唐、眉花奴等。通常都是涂成红色，但是在元和年间，由于受吐蕃风气的影响，一度出现点"乌唇"的习俗，即点成黑色。白居易《时世妆》诗"乌膏注唇唇似泥"，就是指这种点唇习俗。

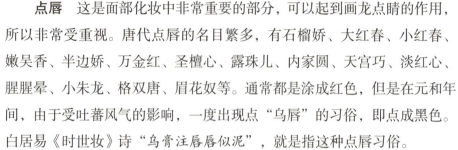

敦煌壁画中的唐代妇女（两个人物唇部色彩不同）

妆靥 是在两颊点点的一种化妆方法，也可以画成钱形、弯月形等，多用红色，也有用黄色颜料的。这种化妆方式起源于三国时的吴国，相传孙权的宠姬邓夫人一日不小心，撞伤了面颊，太医合药调治后却留下了痕迹，即在左颊上留下了如痣大小的朱点，孙权看后觉得"更益其妍"，于是宫中妇女纷纷用丹朱点颊以邀宠，后世流传下来便成了一种化妆方法。元稹《春六十韵》诗"醉圆双媚靥，波溢两明瞳"，指的就是这种化妆方式。新疆吐鲁番唐墓中出土的女俑面部，就可以看到这种妆靥，说明在西域地区也流行这种化妆方式。

新疆出土的唐代仕女俑（蛾眉）

新疆吐鲁番出土的唐代女舞俑面部

图说中外文化交流

花子 也叫花钿、媚子，就是将各种花样贴在眉心或者在眉心画上各种花样的一种化妆方式。从出土的图像资料看，花子有十余种样式，有圆形、棱形、月形、牛角形及各种花鸟形状。颜色以红、绿、黄为主。五代十国的南唐宫中，宫女竟然将贡献的北苑茶油花子贴在额上，并成为一时之风尚。在敦煌及西域、中亚一带，也发现了类似的化妆遗迹，说明内地文化已经影响到了这一带地区。

唐代的这种化妆风气，直到五代及北宋前期仍然流行，以后的妇女除了画眉、点唇、面施脂粉外，不再有这么烦琐的形式。后世妇女画眉主要是画成柳叶形，虽然也有粗眉，但也都呈自然的弯曲形，没有唐代这么复杂的样式。至于点唇主要是画成红唇，也没有唐代这么复杂。

唐代妇女的发式很多，大约有 100 多种，常见的也

敦煌布本画——五代归义军节度使曹议金夫人像（其服饰与面部化妆与晚唐风格基本一致）

清代满族妇女的妆容与发型

敦煌壁画中的五代侍女发型

有30多种，如凌云髻、祥云髻、朝云近香髻、归秦髻、奉仙髻、归顺髻、愁来髻、飞髻、同心髻、反绾髻、九真髻、交心髻、百合髻等。其中有不少就是受胡族影响而流行的，元稹诗"女为胡妇学胡妆，伎进胡音务胡乐"，就反映了当时的这种风尚。唐代妇女的发式前后变化很大，唐初流行高髻，即将头发梳得很高。盛唐时流行假髻，也称义髻，即假发。倭堕髻却是一种低髻，与高髻正好相反，一般分为两边，一边多一边少。另外还有一种堕马髻，就是发髻侧向一边的发式。此外，还有乌蛮髻、椎髻，这些都是受少数民族影响而流行的发式。鬟髻，是一种环形的发髻，即把头发梳成中空的环形，多为未婚女子所梳，其形状有高、低、短、双、圆、垂等鬟式。堆髻，也是一种流行于西域地区的发式，后传入到长安，一度成为流行的发式。

西安出土的唐墓壁画——宫女图（右第一人为高髻）

图说中外文化交流

西安唐阿史那忠墓壁画——侍女图　西安唐李爽墓壁画——侍女图（双鬟髻）
（小刀髻）

西安李震墓侍女图（左为双椎髻，右为坠马髻）

陕西历史博物馆藏唐粉彩偏椎髻女立俑

陕西历史博物馆藏唐粉彩莲花髻女立俑

陕西历史博物馆藏唐陶双鬟望仙髻女舞俑

陕西历史博物馆藏唐彩绘丫型髻女立俑

西安出土的唐墓壁画——宫女图（左起第
一人为新兴髻，第二人为乌蛮髻）

新石器玉笄

我国古代妇女的首饰非常复杂，颈部、手部、臂部、头部等处都有各种首饰。从传世和出土的历代首饰看，以材质的角度可以分为骨质、玉质、金银、宝石等类；以用途分类，可以分为头部用的钗、簪、笄、耳坠，手部用的镯、戒指等，颈部的项链，臂部的臂钏等。其中许多首饰制作精美，反映了我国古代高超的手工业水平。

第四章

中外社会习俗

红山文化玉镯

商代骨笄

唐代镏金蝴蝶形银头饰

唐代竹节形金手镯

唐代镏金菊花纹银钗

北魏金耳环

西安李静墓出土的隋代项链

明代刻铭文金光素钏

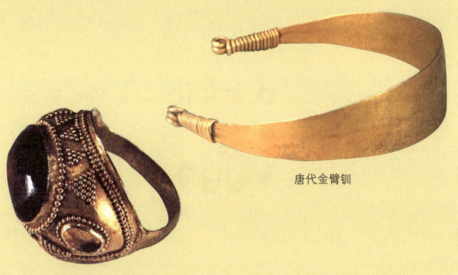

唐代金臂钏

西汉镶宝石金戒指

明代嵌宝石金簪

陕西历史博物馆藏包金白玉腕钏

饮食文化

　　我国历代饮食文化非常丰富，变化也颇多，先秦时期至秦朝由于对外交流较少，无论是外来饮食对中国的影响，还是中国饮食对外国的影响都极为有限。自从西汉的张骞通西域以来，中国内地便开始接受一些异族的食品，比如胡饼就是如此，它自汉代从西域流传过来后，一直受到历代人民的喜爱。隋唐时期，无论皇室、贵族还是普通民众，均喜食胡饼，并成为一代饮食之风尚。关于其做法，据文献记

新疆吐鲁番阿斯塔那墓出土的唐代做面食的泥俑群

载，通常是用炉烘烤，面中含油，饼上撒有芝麻。由于唐朝疆域广大，所以各地制作的方法、大小、样式也各不相同，敦煌文书中曾经提到"油胡饼"，可见胡饼有加油不加油的区别。文书中还记载说"付面四斗造胡饼八十枚"，可见所造胡饼单个尺寸一定不小。1969年从新疆吐鲁番阿斯塔那唐墓中出土了一块直径19.5厘米的胡饼，估计就是当时流行的大型胡饼。胡饼也可以蒸熟，皮日休《初夏即寄鲁望》诗云："胡饼蒸甚熟。"在唐代，胡饼不仅俗人喜食用，和尚们也非常喜欢吃，日本僧人圆仁在他所撰的《入唐求法巡礼行记》卷三中就记载了他在长安的寺院中食胡饼与粥的情况，并且还说"时行胡饼，俗家皆然"。当时各地的饼店中也多卖胡饼，唐玄宗逃难途中，乏食，杨国忠"自市胡饼以献"。可见沿途都有卖胡饼的。

新疆吐鲁番阿斯塔那墓出土的唐代做面食的泥俑群

考古出土的唐代胡饼

饆饠也是唐代的一种常见面食。有关"饆饠"的解释最杂，或认为其是面食，或认为是米饭。实际上，饆饠是一种包馅面食。《资暇集》卷下说："毕罗者，蕃中毕氏、罗氏好食此味，今字从食，非也。"可知饆饠原为"毕罗"，是源于周边少数民族的一种食品。《太白阴经》卷五《宴设音乐篇》记述军队进食时："饆饠一人一枚，一万二千五百枚。"同时还指明了饆饠的用料："一斗面作了八十个。"这足以证明饆饠是面食。《艺林汇考饮食篇》卷三考证说："饆饠，今北人呼为波波，南人讹为磨磨。"这是说后代的南北方居民均把饆饠视为面食，甚至等同于馒头，而古代的馒头均包馅，有波波、磨磨之俗名。

新疆出土的唐代鸡蛋

新疆和田出土的面食（其中有粟米条状食品、羊尾骨、肉食、小馕）

新疆出土的唐代饺子

西安唐房陵公主墓壁画——侍女图

　　饺子，也有称之为馄饨、牢丸的。现在的资料表明，早在春秋时就已经有了饺子，有人在山东春秋时代的墓葬里的一个铜器里发现了几个饺子。一些古代雕塑上也有饺子的形象。三峡出土的三国时候的一个厨俑，它的案子上就捏着一个非常形象的饺子，而且是花边饺子，极为漂亮。比较完整的饺子实物出土于新疆吐鲁番，因为这里比较干燥，容易保存。在唐代墓葬里头，一些死者的随葬品也有饺子，发掘出来的饺子形状也是半圆形的，跟我们现在的饺子一模一样。这就说明内地的饺子已经流传到了西域地区。

图说中外文化交流

新疆吐鲁番阿斯塔那出土的唐代花式糕点

新疆出土的唐代糕点

我国古代亦有各
式点心，从考古发掘来
看，出土比较早的点心
是唐代的。在新疆吐鲁
番出土的唐代实物中，
花式点心几乎跟现在
是一样的做法，它们是
用模子压出来，然后再

新疆出土的唐代花式糕点与胡饼

进行烤制的。新疆因为气候比较干燥，保存条件比较好，所以这些食物都
能够原样地保存下来，甚至颜色都没有发生多大的变化。

烤肉串也是古代非常流行的一种食品，汉代画像石里就有一些烤肉
串的图和场景，说明早在汉代时中原就已经流行烤肉串了。其实这种烤
肉串的吃法，很可能是从西域流传过来的。

东亚地区均流行用筷子吃饭。中国人是用筷子吃饭的，也是筷子的
发明人和使用者。《周礼》记载说："子能食食，教以右手。"意思是说
孩子到了能自行吃饭的时候，一定要教他用右手拿筷子吃饭。筷子，从文
献记载来看，应该是在商代发明的。考古提供了一些证据，证明商代已经
有了筷子。我们现在发现最早的铜筷子，应该是属于春秋时代的，在云南
的一座铜棺里头，就发现过一双铜筷子。另外，在安徽贵池一座春秋墓内
发现过筷子，有圆的，也有扁的。汉代画像石里头也有很多使用筷子的场
面。敦煌的一幅壁画上面，也是男男女女围坐在一起吃饭，大家每人面前
除了一个勺子，还有一双筷子。日本、朝鲜也使用筷子，都是从中国学去的。

唐朝的菜肴在日本上层社会非常流行，延历二十二年（803 年），桓

陕西法门寺出土的唐代系链银筷

陕西西安唐韦氏墓壁画——野宴图（图中人物均使用筷子）

武天皇在设宴款待遣唐使藤原、葛野麻吕等人时，就仿用唐朝的烹调法，菜肴受到了宾客们的喜爱。弘仁四年（813 年），嵯峨天皇御弟淳和亲王设宴于清凉殿，所用的也是唐朝的烹调法。砂糖、豆腐等食品也是从唐朝传入日本的。

五代王处直墓侍宴图浮雕

关于饮用葡萄酒的记载较早，唐朝前期的边军中多饮葡萄酒，这种酒很可能得自西域，不一定是内地所产。据《南部新书》丙卷记载："太宗破高昌，收马乳葡萄种于苑，并得酒法。仍自损益之，造酒成绿色，芳香酷烈，味兼醍醐，长安始知其味也。"这是内地开始酿造葡萄酒的最早记载。此后，河东地区成为唐代葡萄酒的主要生产基地。《唐国史补》卷下记载："酒则有……河东之乾和、蒲萄。"据《新唐书·地理志》记载，太原土贡中就有"蒲萄酒"，美国学者谢弗说唐朝在河东建立了大规模的葡萄种植园和规模较大的酿酒作坊，说明唐人确已掌握了葡萄酿酒的技术。由于唐朝能够自产葡萄酒，饮之者越来越多，诗人们也开始广泛吟咏。李白《对酒》诗云："蒲萄酒、金叵罗，吴姬十五细马驮。"刘复《春游曲》云："细酌蒲桃酒，娇歌玉树花。"有唐一代，葡萄酒作为一种新兴的酒类，受到了人们的普遍欢迎。

古代饮料中最重要应该是茶。在隋唐以前，饮茶的风气还不普及，

新疆民丰出土的东汉蓝白印花棉布（其中人物手持装满葡萄酒的容器）

法门寺出土的唐代镏金银茶笼子

到了唐代时已遍及全国，而且在日常生活中占有相当重要的地位。当时人们饮茶已由粗放煮茶进入精细煎茶的阶段。唐代人所饮之茶多为茶饼，饮用时先要炙茶，再将其击碎，用碾子碾细，然后用罗子筛过，最后放入茶釜烹煮，通常还要加入各种作料。关于这一切除了文献记载外，法门寺出土的唐朝皇室所用的一套完整的茶具也是有力的证明。

北宋初期仍以饮用煎茶为主，然方法已经有所简化，如碾茶之前的炙茶，

法门寺出土的唐代银盐台

法门寺出土的唐代镏金银茶罗

法门寺出土的唐代镏金银茶碾

宋人绘《斗茶图》

河北宣化辽墓《备茶图》壁画

已不如唐代那么强调，主张视茶而行。此后，煎茶法逐渐为宋人摒弃，点茶法成了当时的主要方法。宋代"点茶"法是将研细后的茶末放在茶盏中，先冲入少许沸水点泡，再把茶末调匀，然后慢慢地注入沸水，用茶筅（特制的竹丝子帚）去拂，调匀茶而后再饮用。宋代"斗茶"的风气非常流行，斗茶又称茗战，就是比赛点茶的技艺。到了元代，饼茶逐渐被淘汰，取而代之的是采用蒸青工艺来制造的条形散茶和末茶。元人大多已饮用散茶，而当时的饮茶方法却是恢复用壶煎煮，如元代忽思

五代陆羽瓷像

慧的《饮膳正要》载清茶："先用水滚过、滤净，下茶芽，少时煎成。"

我国茶叶的外传，最早始于公元4世纪末至5世纪初。佛教由中国传入高丽国时，茶叶便随之传入朝鲜半岛。到公元12世纪，高丽国的松应寺和宝林寺等寺院大力倡导饮茶，使饮茶风气遍及民间。到了唐代，朝鲜半岛已开始种茶了。

茶叶东传日本，有确切的文献记载的是在唐代。公元729年，日本圣武天皇召集百僧，讲经赐茶，并且派遣高僧来中国学习佛经。唐永贞元年（805年），日本最澄禅师到中国天台山国清寺修习佛法，回国时带去了茶叶种子，并将其种于台麓山（现日本滋贺县境内）。空海和尚来中国学习佛经时，也带茶籽回国试种过。此后，饮茶之风

唐代陆羽著《茶经》

明朝文徵明绘《惠山茶会图》（局部）

一度在日本衰落，直到中国宋朝时，此风才再度传到日本。南宋乾道四年（1168年）、淳熙十四年（1187年），荣西和尚两次来华，带回茶籽并且广为种植，使种茶成为日本农民的副业，他还用汉字撰写了两卷《吃茶养生记》，大力提倡喝茶，被誉为日本的陆羽。

南宋时期日本种茶、喝茶之风日益普及。不过日本流行的所谓茶道，却是由宋代传过去的。日本《类聚名物考》对此有明确记载："茶道之起，在正元中，筑前崇福寺开山南浦昭明由宋传入。"日本《本朝高僧传》也有"南浦昭明由宋归国，把茶台子、茶道具一式带到崇福寺"的记述。南宋年间，日本随着饮茶习俗和茶具的传入，形成了"体现禅道核心的修身

清代茶炉

清代紫砂茶壶

养性的日本茶道"。现代日本茶道文化协会负责人森本司郎在其所著的《茶史漫话》中也认为，正是中国的"斗茶"哺育了日本的茶道文化。

茶叶西传欧洲是在16世纪。1517年，葡萄牙从中国带回茶叶，几十年后饮茶风气流行。其公主凯瑟琳嗜好饮茶，1662年，她嫁给英皇查理二世，提倡皇室饮茶，从而掀起了全国饮茶的风尚。1714—1729年乔治一世时期，中国茶叶开始大量进入英国伦敦市场，饮茶风靡整个英国，并促使英国人形成了现在的下午5时饮茶、吃点心的习惯。英国还将茶叶转运美洲殖民地，后又运销到德、法、瑞典、丹麦、西班牙、匈牙利等国，饮茶之风遂席卷了整个欧洲。

1618年，中国使者北访俄国，将随身携带的几箱茶叶赠送给沙皇，后饮茶就在俄国流行起来，茶叶也就成为中俄贸易中的主要商品之一。茶叶南传时代较晚。印度在1780年首次引种中国茶籽，直到1826年，印度华侨从中国引进茶种，才真正奠定了茶叶在印度的生产基础。锡兰（今斯里兰卡）在1841年因咖啡遭遇虫灾，才开始引种中国茶树。20世纪60年代，应非洲国家的要求，我国多次派出茶叶专家去西非的几内亚、马里及西北非的摩洛哥等国指导种茶，非洲开始有了真正的茶叶栽培。

清代任熊绘《煮茗图》（局部）

婚丧习俗

在婚姻习俗方面，中外差别较大，但是相互之间也有影响。对中国内地而言，主要是指对少数民族婚俗的影响。如抢婚，东北的室韦族在两

敦煌榆林窟壁画中婚礼图

明清时期的婚庆图

家谈好婚嫁之事后，女婿便将新娘子抢去，然后再送牛马为聘礼，让新娘子归家，等到其怀孕后，才将她接回夫家。两广一带的少数民族也流行抢婚，如果男子喜欢谁家的女孩子，可事先侦察好，然后率几个少年伙伴手持刀杖，将女方抢回家中成亲，过一二月后，再与妻子一同回到娘家，并向妻子的父兄谢罪。这里还有一种不同的习俗，即这种抢去的妻子，非其父母丧，不再归其家。生活在今青海省的吐谷浑族人，抢婚只限于家贫无力娶妻之人。这里的富人能够出得起高昂的聘财，而贫人无钱只好去抢亲。按吐谷浑的习俗，如果妻子死了，可以娶男方的后母或庶母为妻；如果兄亡，可以娶嫂子为妻。其实中国内地早在先秦时期就存在抢婚的习俗，只是随着文明进步后又弃而不用了。

清代的迎亲图

图说中外文化交流

边疆民族的婚俗对内地也有影响，如唐代长安城中的教坊中就存在着一种被称之为"突厥法"的奇异习俗。这里妓女往往相互之间结为"香火兄弟"，彼此以兄弟相称。如果有男子聘香火兄弟中的女子为妻，香火兄弟中的其他妇女则按照择婿女子的行第，对男子施以妇女的称呼，所谓"兄见呼为新妇，弟见呼为嫂"就是此意。更值得注意的是，其中一人结婚，其"香火兄弟"们多相投奔，谓"我兄弟相怜爱，欲得尝其妇也"，而女主人也不反对。这种所谓的突厥法，实际上是原始社会群婚阶段残留下来了兄弟共妻制，只是教坊中的妇女以女易男，调换了突厥法中男女各自扮演的角色而已。同时这一记载也表明，唐代的突厥族中仍然保留了兄弟共妻的遗俗，而且还流传到了长安。

唐代内地的结婚仪式中也受到了一些外来风俗的影响，比如转毡，就是新娘到达新郎家门时，足不沾地入室。即新郎家要从门口地上铺上几条毡褥，当新娘走上第二条毡时，便有人将第一条毡转铺到最后一条毡褥

清代末年的迎亲图

后，依次类推，形成一条色彩斑斓之路，直至新娘走入屋内。这象征着传宗接代，前程似锦，明显也是由少数民族习俗演化而成的一种婚俗。

再如坐鞍，这是北朝胡族遗留下来的风俗，即新娘进屋时，要从放在门口的马鞍上跨过去或坐一下，寓以婚后生活平平安安。百子帐，唐代风俗规定，举行婚礼的前一天，女方要派妇女到男方家铺房。与后代不同的是，唐代所铺的不是房而是百子帐，即毡帐，这是北朝时鲜卑人留下来了风俗。即在屋中设帐，帐中设置床几，由女方家派来的妇女铺床，上自皇室，下至士庶，无不如此。直到今天，陕西关中的农村中还流行着这种婚俗，女方家派人到男方家铺床，只是不再设置帐幕而已。

敦煌壁画中的唐代嫁娶图

清代成亲拜堂图

图说中外文化交流

在我国古代丧葬习俗中，外来的因素主要表现在佛教的影响与少数民族风俗的影响两个方面。前者主要表现在追福斋会、阇毗、塔葬、野葬等方面。所谓阇毗，就是火葬，这是梵文的音译。根据玄奘的记载，它是从印度流入中国的一种葬俗。最初在僧人中流行，后来俗人也开始有人采用此种葬法，尤其在少数民族聚居区更是流行。

新疆温泉县草原墓葬前的唐代武士石人

新罗感恩寺三层石塔（7世纪后半叶）

朝鲜新罗时期的五层砖塔

塔葬比较好理解，隋唐时期除了在僧人中流行塔葬外，俗人中也流行此风。它与火葬后建塔不同，主张全身入塔，即将死者全身葬入土中后，再在上面建塔。此风先在僧人中流行，后来一些信奉佛教的达官贵人也纷纷仿效，临死时沐浴剃发，死后再进行塔葬。这种习俗甚至影响到了唐皇室，如唐德宗之子肃王李详年仅4岁就死了，德宗追念不已，下令建坟墓，"诏如西域法，议层砖造塔"。这件事虽然最后因为大臣们的反对而作罢，但可见这种葬法已在社会上相当普及了。日本、朝鲜的佛教僧人中也流行这种塔葬，而且塔的样式与中国几无不同。

野葬大体上相当于今天所说的天葬。主要是在僧人中流行，就是在人死后将尸体放置于野地林下，任由野兽禽鸟咬食，据说这样可以使食肉者发菩提心。不过这种葬法通常都是死者在生前自愿选择的。

突厥实行的丧葬习俗颇有特点。由于其生活在草原上，人死之后，便停尸于帐中，子孙及亲属各杀马，陈于帐前。然后以刀割面而哭，使血与泪齐流。如此者7次方止。春、夏死者要等到草木落后方可安葬，秋、冬死者则等到春季花开叶茂才葬。通常火烧后将骨灰埋入地下，还要在死者墓前放上石头，放多少依其生前杀人多少而定。埋葬这一天，男女们都盛装会集墓地，如果有男子看上了哪一位女子，回来后派人聘问，其父母多不拒绝。东突厥灭亡后，大批突厥人迁入内地，

新疆发现的突厥人墓前石人

遂把这种葬俗也带了进来，除了他们自己仍然沿用外（颉利可汗死后，太宗就按此法埋葬之），内地人中也多有仿效的。

中国葬俗对少数民族和外国也有很大的影响，比如突厥、西夏在坟前树立石人、石像，这种做法就是受汉族在墓前设置翁仲、石雕的影响，只是规模比不上中国帝王陵墓那么宏大而已。中国古代的某些时期在社会上层中流行彩绘棺，而新疆楼兰古城遗址中也发现了类似内地的彩绘棺木。新疆其他一些地区也发现了一些形状类似于内地的木棺，这些都是内地葬俗影响的表现。

新疆出土的楼兰彩绘木棺

新疆和田出土的古代木棺

位于内蒙古伊金霍洛旗的成吉思汗陵

河南巩义市宋代陵墓前的石刻雕像

宁夏西夏陵前的石雕人像

唐乾陵神道旁的翁仲

中亚的粟特人在丧葬上受中国影响最大，从已出土的石棺形制看，与唐代贵族所采用的石棺几乎完全相同，并且还有石床之类的设置，墓内也有类似于中国的守护神。中国内地出土的古代陶瓷棺，在西域及中亚地区也有发现。

粟特人史君墓石棺

西安出土的北周安伽墓石围屏

粟特人史群墓椁旁的守护神

图说中外文化交流

河南临汝出土的古代陶瓮棺

日本古代采用土葬法，其火葬风俗是由遣唐僧人道昭提倡后，才逐渐流行开来的。中国早在汉代，就建立了一整套祭奠之仪，到了唐玄宗时期又得到了进一步的完善。日本人吉备真备把中国的这种祭奠制度带回了日本，大宝元年（701年），此制开始在日本流行。《大宝令》明确规定有祭祀之法，到了天平二十年（748年），日本已制定了明确的服器仪式。朝鲜半岛受中国丧葬制度的影响最大，其墓室与中国一样也用砖建成拱形样式，同样也绘有壁画。中国自从流行在墓道中放置墓志铭后，不久就流传到了朝鲜半岛。中国的贵族墓前立有神道碑，并且有龟形趺座，他们也仿效此制，就连形制也完全相同。中国流行在墓室中绘四神图，而高句丽的墓葬中也绘有相同的壁画。

高句丽墓中四神之朱雀图（公元 7 世纪）

百济高宁王陵墓室

南北朝时期高句丽墓顶装饰画

新罗武烈王陵的龟趺座（公元 661 年）

清人所绘的挂孝图

体育交流

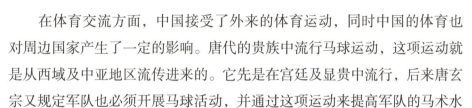

　　在体育交流方面，中国接受了外来的体育运动，同时中国的体育也对周边国家产生了一定的影响。唐代的贵族中流行马球运动，这项运动就是从西域及中亚地区流传进来的。它先是在宫廷及显贵中流行，后来唐玄宗又规定军队也必须开展马球活动，并通过这项运动来提高军队的马术水

新疆出土的唐代打马球俑

平。这项运动在西域多是在草地上进行，传入中国后遂将球场改成光滑、平坦的广场，从而使球的滚动更加顺畅，运动速度更快，对抗更加激烈，有利于击球技艺的提高。关于唐代打马球的场面，壁画中有生动的反映。这种运动对朝鲜、日本都产生了一定的影响，大约 8 世纪时传入日本，并且很快就流行起来。日本的嵯峨天皇还写过《早春观打毬》诗，其中写道："回杖飞空凝初月，奔毬转地似流星。左承右碍当门竞，群踏分行乱雷声。"

宋代蹴鞠纹铜镜

　　蹴鞠是中国古代的足球。蹴鞠活动起源很早，早在战国时期就在中原及齐、楚等地流行。这项运动至汉代大盛，并出现了专供蹴鞠比赛的场

唐章怀太子墓打马球壁画（局部）

明杜堇绘《宫中图》（宫女正在踢球）

地——鞠城，还出现了论述这项运动的专著《蹴鞠新书》。两晋南北朝时期，这项运动一度衰退，到唐代又重新兴盛起来。原来的球体是实心的，球面用皮革制成，里面以毛发等物填充。后来，唐代发明了一种"气球"，即充气的空心皮球，从而使这项运动得到进一步开展。蹴鞠场地的两端各设一个球门，以攻入球数多者为胜，也有不设球门的踢法。这项运动一直流行到后世，直到明清时期在民间仍然存在，它可以说是现代足球运动的先驱。蹴鞠运动也是在 7 世纪时传入日本的，在当地影响很大，以至于出现了数部专门著作，如《游庭秘钞》《蹴鞠九十九条》等，都论述到这项运动来自大唐，当然其对朝鲜半岛也有一定的影响。

围棋是中国最古老的体育运动项目之一，这项运动对西域及东亚都有很大的影响。早在汉代张骞通西域以后，中国的一些体育项目就流传到

新疆吐鲁番唐墓出土的下围棋的仕女绢画

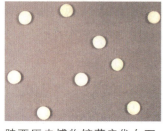

陕西历史博物馆藏唐代白石
围棋子

新疆出土的唐代围棋盘

西域及印度一带，据《大般若涅槃经》记载，中国的围棋、弹棋、六博、投壶已经在古印度流行了。现在的孟加拉、尼泊尔、不丹等国还流行15和16道围棋，走法与中国基本相同，只是个别地方稍有差异，这些很可能就是中国围棋流传过去后的变异。在新疆吐鲁番阿斯塔那唐墓中，还出土了女子下围棋的绢画。

朝鲜半岛与中国的文化交流开展很早，早在汉代时双方就有了许多往来，中国的围棋流传过去的具体时间不详，但《北史·百济传》已经记载说该国"尤尚围棋"。后来又从百济流传到整个朝鲜半岛。公元7世纪，新罗统一朝鲜半岛，与唐的文化交流更加频繁。由于该国人善弈围棋，所以唐朝派人出使新罗时，往往选派弈棋高手随行，与其进行交流。经过与唐朝的长期交流，新罗的围棋水平提高很快，出现了一批围棋高手，唐末诗人张乔的《送棋待诏朴球归新罗》一诗，所提到的这位朴球就是新罗的围棋高手之一。他在中国居留多年，并担任过唐朝宫廷的棋待诏之职。

日本的围棋也是从唐朝传过去的，其中也不乏高手。当时有大批的遣唐使与留学僧人来到中国，其中也有一些人善于弈棋，如吉备真备居唐19年，辩正法师留唐30年，他们都是围棋爱好者。吉备真备回国后，曾积极从事推广围棋的活动。中国派往日本的使者或随行人员中，也有不少围棋爱好者，他们出使日本后，也对围棋的传播起到了积极作用。至德川幕府时期（相当于我国的明末清初），围棋在日本已经非常兴盛了，当时往来于两

唐代琉璃围棋子

辽宁法库县出土的辽代漆木双陆

湖北江陵出土的战国相扑
纹木梳

新疆出土的唐代螺钿木双陆棋盘

国的棋手认为，中日两国的围棋水平已经不相上下了。后来德川幕府实行锁国政策，中日之间的围棋交流遂中断了。明治维新以后，围棋在日本又重新兴盛起来，遂使日本成为世界上围棋运动水平最高的国家之一。至今在日本正仓院仍然保存了一个唐代螺钿木双陆棋盘，纵横十九道。

围棋对东南亚各国的影响也很大，至迟在明代围棋已经流传到这一带，郑和下西洋时，发现今印度尼西亚一带俗好弈棋。16世纪时，葡萄牙航海业非常发达，他们从日本人那里学会了下围棋，并将其传到了欧洲。不过通常认为围棋流传到欧洲是在19世纪，并且时常举办一些比赛活动。

相扑运动也是我国古代发展起来的一项体育运动，早在公元前300多年的战国时代，我国就有了这项运动。此后这项运动在历代都深受人们的喜爱，流传十分广泛。相扑，也叫角力、角抵、摔跤等，实行上就是一种摔跤运动。自唐代以来，相扑非常兴盛，无论是宫中、民间或是军中，都经常举办此类比赛。参赛者赤裸上身，下身仅系一条宽大的腰带和兜裆，头戴幞头。这项运动后来又传到了日本，并发展成为日本的"国技"，实际上无论是相扑这种名称，还是参赛者的打扮，都仍然保留了唐代的遗风。

此外，中国古代的双陆、投壶等游戏活动也都流传到国外，关于双陆的玩法现已不可考。投壶就是指在一定的距离之外，将箭投入壶中，多中者为胜，竞赛者之间往往有赌注。这些活动不仅在东亚地区有流传，中亚及印度也都一度流行过这些游戏活动。

清代任渭长绘《投壶乐图》

我国是世界四大文明古国之一，在历史上相当长的一段时期内，我国的科学技术都在世界上保持着领先水平，为人类的文明发展做出了巨大的贡献。造纸术、印刷术、指南针和火药四大发明在全世界的传播，对促进世界文明的快速发展起到了决定性的作用。马克思说："火药、指南针、印刷术——这是预告资产阶级社会到来的三大发明。"除此之外，我国古代还在天文学、医学与药物学等许多科学领域都走在了世界前列，并在亚洲尤其是东亚和东南亚地区产生了极大的影响，造福了这一广大区域的人民。

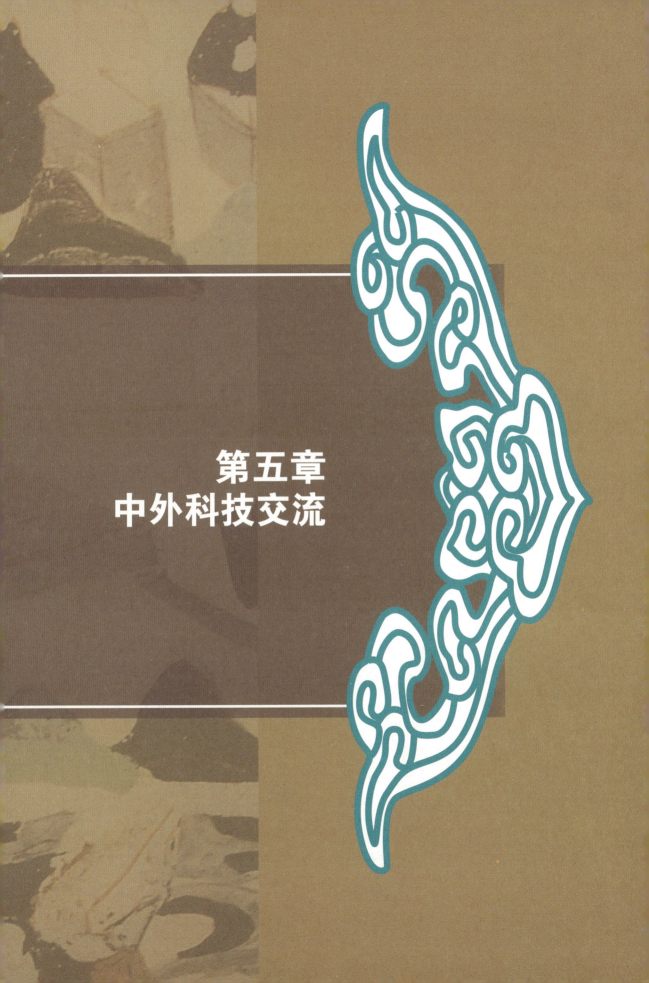

第五章
中外科技交流

天文学

　　天文学在我国古代发展较早，早在商周时期就已经有了观察天文的记录。天文学的基础是星象的观测，世界上一些文明古国在这方面都有自

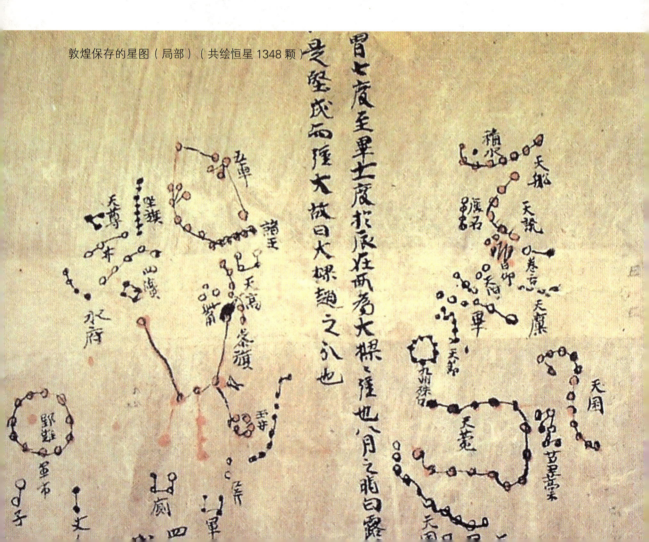

敦煌保存的星图（局部）（共绘恒星1348颗）

江苏盱眙汉墓中发现的刻有星象图的木板

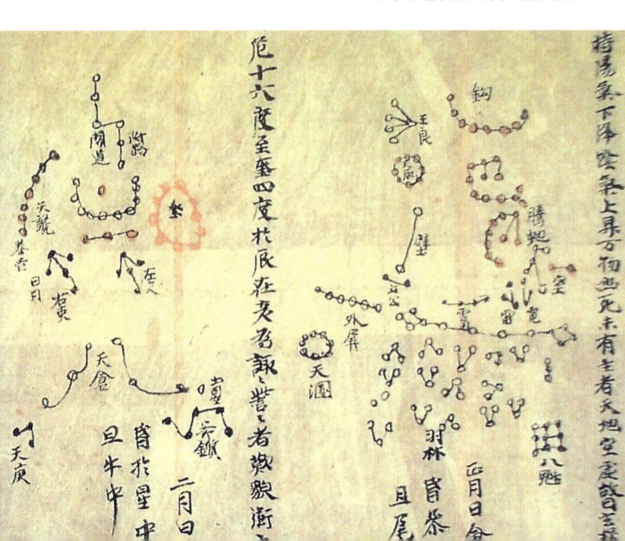

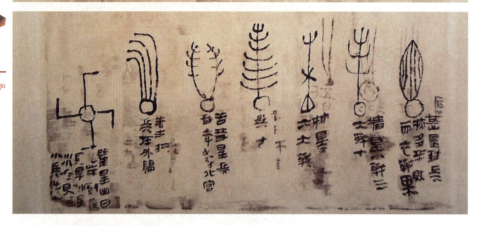

长沙马王堆汉墓出土的彗星图

己的独特的贡献，我国的天文学体系大约在战国时期初步形成，当时有甘德、石申、巫咸三家学说。由于我国古代是一个农业社会，为了保证农业生产的需要，编制比较准确的历法，也是导致我国天文学发展较快的一个因素。在我国敦煌发现了一件唐武德四年的《星占书》残卷，其中记录了三家内外官星283座、1464颗星，对于认识中国古代天文学水平极有帮助。与《星占书》相应的是唐初绘制的一幅《星图》，此图根据甘、石、

河北宣化辽墓中的黄道十二宫图

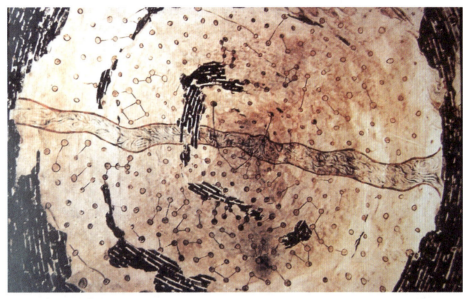

河南洛阳北魏墓发现的星象图

巫三家的著作和星图绘制了 1348 颗星的位置，用三种不同的颜色来区别三家的星宿。根据专家考证，这是世界现存古代星图中年代最早、星数最多的一张，备受中外科技专家的重视。英国著名学者李约瑟把此图的绘制时间定在公元 940 年，我国学者马世长认为其大约绘于唐中宗时期（705—710 年）。在近年来的考古发掘中，也发现了一批时代更早的星象图，如西安交通大学发现的汉墓天象图、北魏时期墓葬中发现的星象图等，发现的时代较晚一些的星象图就更多了。此外，还发现了一些石刻的古代天文资料和天文器材，都证明了我国古代天文学的确取得了十分骄人的成就。

由于天文学在我国古代往往与神学有着密切的关系，尤其是西汉学者董仲舒"天人感应"学说的提出，使得古代统治者往往把人事与天象的变化联系在一起，故历代政府都非常重视天象变化的观察和研究，从而使官府垄断了天文学。所以历代政府都建立了一些相应的观察天文的设施，相传为周公建的测景台如果属实的话，则是我国存留至今的最早的天文台。此外，汉代的灵台遗址，也都是我国古代重视天文学的有力证据。至明清时期，由于西方传教士来华，使得西方天文学成就为我

汉代观星台模型

图说中外文化交流

相传的周公测景台

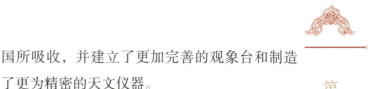

国所吸收，并建立了更加完善的观象台和制造了更为精密的天文仪器。

我国古代还涌现了一批杰出的天文学家，如落下闳以历算和天文学的杰出成就著称于世，为我国最早的历算学家。他创制"太初历"，于西汉元封七年（前 104 年）冬至正式颁行，共施行 189 年，是中国历史上有文字可考的第一部优良的历法。他还创制了天文观测仪，即著名的"落下闳浑仪"。该仪器为我国古代的重要宇宙观——"浑天说"奠定了科学的理论基础，是当时关于宇宙结构的先进学说。东汉的张衡观测记录了 2500 颗恒星，创制了世界上第一架能比较准确地表演天象的漏水转浑天仪。他还指出月光其实是日光的反射，并正确地解释了月食的成因。

考古出土的西汉初年天文气象杂占帛书

中国古代圭表

记载日食的甲骨文（时间约在公元前 1200 年）

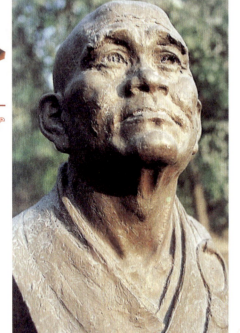

唐代天文学家一行塑像

一行是唐代高僧和杰出的天文学家，为了观测天象，他创制出了黄道游仪和水运浑象。在掌握大量实测资料的基础上，重新测定了150多颗恒星的位置，发现古籍上所载的这些恒星位置与实际位置不符。从开元十二年（724年）起，一行主持了规模宏大的天文大地测量，得出了子午线一度的长，这是世界上首次子午线实测。他还编制成《大衍历（初稿）》二十卷，纠正了过去历法中把全年平均分为二十四节气的错误，是我国历法上的一次重大改革。

《旧唐书》记载的《大衍历》

在天文学方面的中外交流，早在唐代就已经非常频繁了。唐朝的官办天文台——太史局，其长官称太史令，后来改为司天监，在一段相当长的时期内，却是外国人担任着。从唐初到唐代宗大历年间，有一个复姓瞿昙的印度来华家族，先后有四代人在这里担任职务长达100余年。一位名叫李素的波斯景教来华的学者，

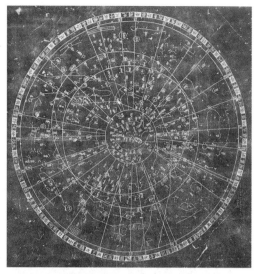

苏州博物馆藏南宋石刻天文图拓片

北京故宫太和殿前的日晷

图说中外文化交流

敦煌文书中的雍熙三年具注历日序

清代象限仪（地平纬仪）

1873 年法国人创办的上海徐家汇天文台

在唐代宗时期也担任过司天监。他们来华后，把本土的科学成就带入唐朝并努力融入华夏文明，如瞿昙罗曾在唐高宗麟德二年（665 年）编制了《经纬历》九卷，经唐高宗批准后，与当时的另一部历法——《麟德历》参照施行。唐朝著名的《大衍历》编成，一定程度上便是受到印度的《九执历》的影响，这是中印文化交流的一个显著成果。除了瞿昙家族外，在唐代以天文历算知名的印度人还有俱摩罗和迦叶波两个家族，前者在玄宗时期曾将天竺推算日食的方法传入了唐朝，后一家族也曾将天竺的推算日月食盈亏时刻的方法进行过介绍。

在元、明、清时期，都有一些外国或异族的天文学家来到中国，尤其是明、清时期，一批西方传教士来华，其中一些人精通天文历法，他们将西方的天文学与数学成就带入中国，如利玛窦、汤若望、南怀仁等。他们在中国新著或翻译了大量的科学著作，制造仪器，帮助中国制定新的历法，为中西方科学技术的交流做出了较大的贡献。

造纸术

我国是世界上发明纸最早的国家，这是人类文明史上的一项杰出的成就。中国是世界上最早养蚕织丝的国家，古人以上等蚕茧抽丝织绸，剩下的恶茧、病茧等则用漂絮法制取丝绵。漂絮完毕后，篾席上就会遗留一些残絮。当漂絮的次数多了，篾席上的残絮便积成一层纤维薄片，经晾干之后剥离下来，可用于书写。这种漂絮的副产物数量不多，在古书上称它为赫蹏或方絮，这表明了中国造纸术的起源同丝絮有着渊源关系。根据考古发现，西汉时期（前206—前8年），我国已经有了麻质纤维纸，质底粗糙，且数量少、成本高，但不普及。

公元105年，蔡伦在东汉京师洛阳总结前人经验，改进了造纸术，以树皮、麻头、破布、旧渔网等为原料造纸，大大提高了纸张的质量和生产效率，不但扩大了纸的原料来源，而且降低了纸的成本，为纸张取代

甘肃金塔县金关出土的西汉纸

陕西扶风出土的西汉纸（纸质粗糙，不便书写，为我国早期生产的纸）

造纸术发明人——蔡伦画像

竹帛开辟了前景，为文化的传播创造了有利的条件。关于蔡伦发明造纸术的情况，《后汉书·蔡伦传》中说："自古书契，多编以竹简；其用缣者，谓之为纸。缣贵而简重，并不便于人。伦乃造意，用树肤、麻头及敝布、鱼网以为纸。"后世遂尊他为我国造纸术的发明人。1990 年 8 月 18 日至 22 日，比利时马尔梅迪举行的国际造纸历史协会第 20 届代表大会一致认定，蔡伦是造纸术的伟大发明家，中国是造纸术的发明国。

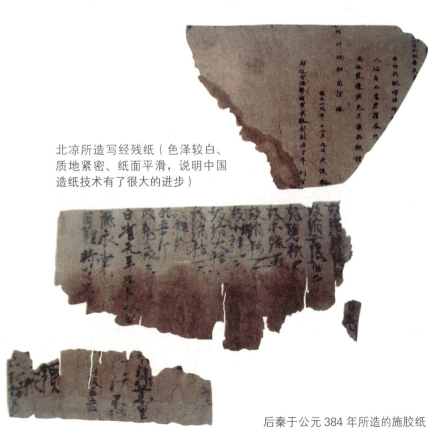

北凉所造写经残纸（色泽较白、质地紧密、纸面平滑，说明中国造纸技术有了很大的进步）

后秦于公元 384 年所造的施胶纸

在唐宋时期，中国的造纸技术进一步成熟，造纸原料进一步扩大，出现了麦秆和稻茎纸。宋代已经采用了水碓打浆，可以造长达三丈的巨幅纸，称之为匹纸。宋代还发明了纸药，即将植物（通常用黄蜀葵与杨桃藤）黏液掺入纸浆，作为浮漂剂。宋代还出现了有关造纸的专门著作，在宋太宗雍熙三年（986年），苏易简出版了《纸谱》，这是世界上有关造纸的最早专著。明清时期造纸术又有了进一步发展，除了创造了一些新的品种外，还总结了历代造纸的技术和经验，从而生产了品种繁多、质量较高的

根据中国古书记载而绘的造纸全过程（包括对原料的切、踩、泡、浸、煮、抄、晾晒等工序）

唐代硬黄薄纸（局部）

南宋侧理纸

四川成都唐墓出土的印有梵文佛经的纸张

清代宫廷所用的斗方纸

明代成化纤纸

名纸。在明代，竹纸的产量达到了各类纸的第一位，清代的名纸很多，尤其以康熙、乾隆时期所造最为精细，如砑光纸、罗纹纸、发笺、云母笺、侧理纸等。

纸在中国作为书写材料制作臻于完善并且成为日常用品之后，便向四方传布，达到世界各地。外国引进纸经历了两个阶段，先是纸和纸制品，稍后才是造纸术被当地人所采用。就现有的证据看，在首次引入纸以后，至少需要一两个世纪的时间，造纸才能得到发展。例如，在纸的西传过程中，抵达阿拉伯地区不迟于公元7世纪，但直到8世纪当地才开始造纸；纸在10世纪传入欧洲，而欧洲直到12世纪才开始建立造纸工场。造纸术的西传之所以迟迟不前，主要是由于地理上与文化上的隔绝，试看中国的近邻各国在开始接触中国文化后不久就学到了造纸术。纸向东北方向传至朝鲜和日本，向东南方向传入印度支那，都为时较早，唯独沿着丝绸之路向西方传播的过程比较缓

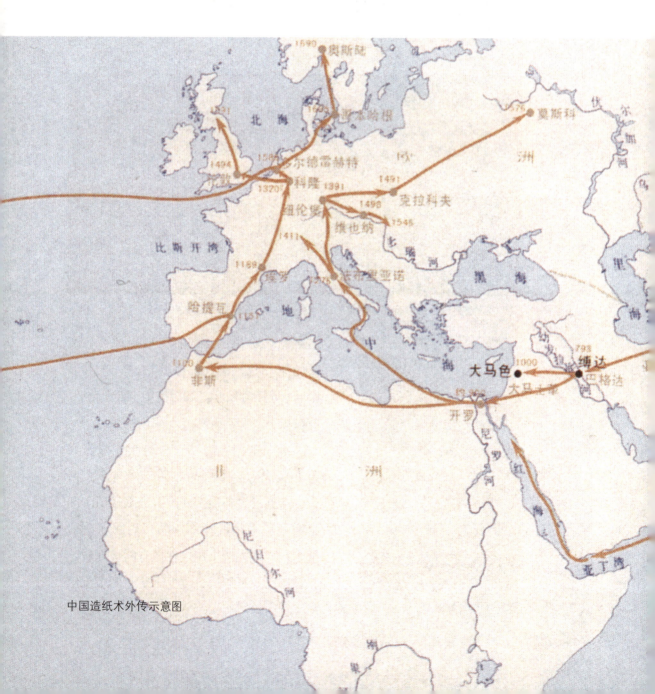

中国造纸术外传示意图

慢。考古资料证明，距离中国本土越近的国家，发现的古纸的时代就越早。

　　纸约在公元 3 世纪从敦煌开始西传。斯文·赫定与斯坦因在楼兰地区曾发现 3 世纪的纸的残片。20 世纪初期由德国及日本考察队在吐鲁番地区发现了 4 至 5 世纪的古纸。近年来，中国考察团在发掘工作中发现了写有汉文、藏文、梵文及古代龟兹文的 8 世纪的纸张。1972 年在吐鲁番发现的文书中，有一份被确定为公元 620 年的纸张，上面有造纸人"纸

师隗显奴"和高昌行政官员的姓名。另一残片上写有派遣囚徒到造纸场做工的行文，据推测，这种工场是当地经营的。中国科学家对近年发现的几十份纸文件进行研究后认为，有些纸品是在当地制造的，年代不晚于 5 世纪初，如上面提到的藏文手稿据考证纸的原料纤维不是新疆当地所产，可能是从西藏输入的。

可能在 7 世纪以前，纸已陆续向西传入了阿拉伯世界。阿拉伯人和中国人之间的贸易和其他的接触，使阿拉伯人很早就有机会知道纸。《古兰经》中可以看到如 Kaghid 及

日本造纸三圣图（中为蔡伦，左为昙徵，右为望月清兵卫）

韩国东国大学藏 13 世纪印刷的《大藏经》局部（所用纸当为本地所造）

日本用特殊的纸所制的衣服

其同义语 qiytās 等指纸的名词，据考是源于汉语。早在公元650年，纸已输入到撒马尔干，但尚属于稀罕的物品，只用于书写重要文件。一般认为，迟至8世纪中叶阿拉伯才开始造纸。据载公元751年，唐与阿拉伯的怛罗斯战役中，阿拉伯军队击溃了高仙芝所率领的中国军队，所获俘虏中有各种技工，包括造纸工匠，他们被押往撒马尔干，遂在那里开始造纸。撒马尔干盛产大麻和亚麻，为造纸工业提供了丰富的自然资源。因此，纸业在当地日趋兴盛，不仅满足了当地的需求，并且使"撒马尔干纸"成为贸易的重要商品。

欧洲人1390后在纽伦堡开办的造纸坊

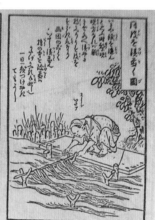

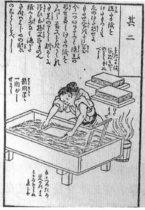

刊于 1798 年的《纸漉重宝记》一书中日本制造褚纸的工序图（其工具与中国基本相似，说明中国造纸技术对其影响仍然存在）

欧洲最早的造纸图，1568 年刊印于法兰克福（其工序与中国相似，显然仍受到中国造纸技术的影响）

其后造纸工艺即由撒马尔干传到巴格达，在那里由中国工匠在 794 年建立了一座造纸厂。当时的巴格达是世界最富庶的城市之一，也是伊斯兰教的一个宗教与文化的中心。从这时开始，纸取代羊皮成为主要的书写材料，阿拉伯国家向欧洲市场提供纸张，一直延续到 15 世纪。卢西亚的另一造纸中心建立于叙利亚的大马士革，长期给欧洲人提供一种被称为大马士草纸的纸张。叙利亚的另一座城市般比因也以产纸而著称。

欧洲 17 世纪设计的五彩壁纸（用黄、黑、红色套印，显然受到了中国造纸技术的影响）

图
说
中
外
文
化
交
流

印刷术

印刷术也是我国古代的伟大发明之一。雕版印刷术与印章的使用有极大的关系，随着纸与墨的出现，一些道教徒把印章放大，以便能刻上更多的文字，再去印制符咒，这实际上是一种以盖章的方式印刷文字的方法。与此同时，石碑拓印也在发展，把印章和拓印结合起来，再把印章扩大成一个版面，蘸好墨，仿照拓印的方法把纸铺到版上印刷，即为雕版印刷。雕版印刷最早出现在洛阳，东汉建宁二年（169 年），张俭因反对大宦官中常侍侯览，灵帝在洛阳下令"刊章讨捕"他。"刊章"，就是刻印通缉的公文。这是世界上关于雕版印刷术最早的记载。雕版印刷术经过漫长的发展阶段，它比手抄传播文化的优越性日益为人们所重视。它的使用范围从专门雕刻皇帝诏令发展到其他重要典籍，从皇帝御用发展到民间，隋唐时已广为使用。不过直到唐代除了使用这项技术印刷一些篇幅较短的

敦煌莫高窟发现的元代回鹘文木活字

清代《医林改错》木刻版

清代泥活字（安徽人翟金生制）

图说中外文化交流

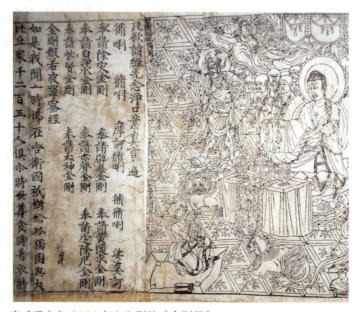

金朝刻印的《大藏经》

佛经、历日外，大规模的印刷书籍尚没有开始。由于关于雕版印刷的确切记载是在唐代，故专家们认为印刷术的发端应始于这一时期，即公元7世纪。

唐太宗李世民在贞观十年（636年）曾下令刻版印刷由长孙皇后撰写的《女则》10篇。当时洛阳的一些重要图书和佛教经典都采用了刻版印刷，佛教经典印本在洛阳数量之多居天下之冠。世界上现存最早的雕版印刷物是唐咸通九年（868年）印制的《金刚经》（由7张纸粘连起来而成为1卷，卷首有释迦说法图，原藏于甘肃敦煌千佛洞，1900年发现，1907年被英国人斯坦因盗去，现藏于英国伦敦不列颠博物馆）。后唐长兴三年（932年）中书门下奏请依据唐《开成石经》刻印《九经》（即《易经》《尚书》《诗经》《左氏传》《公羊传》《谷梁传》《仪礼》《周礼》《礼记》），得到后唐明宗李嗣源的

唐咸通九年（868年）印刷的《金刚经》

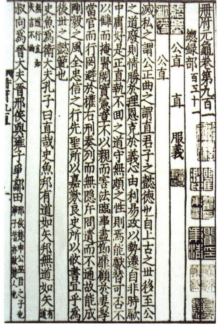

南宋眉山书坊刻印的《册府元龟》

北宋开宝《大藏经》

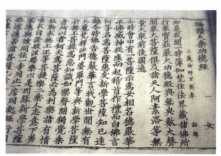

辽代雕印的《大藏经》（契丹藏）

批准，这是我国历史上第一次大规模由政府刻印和销售书籍。这项艰巨的工作，由当时洛阳国子监主持进行，历经21年，至后周太祖广顺三年（953年）六月全部刻印成书，并开始发售。

宋元时期雕版印刷有了更大的发展，趋于鼎盛。公元971年在成都开始版印全部《大藏经》，计1076部，共5048卷，历时12年才雕印完工，雕版多达13万块。公元1132年，在湖州刊刻佛藏5400卷，一年内即告完工。宋代雕版良工多荟萃于杭州，刻印了大量的经书、史书、子书、医书、算书和文集等。金代雕版印刷中心在平水（今山西临汾）。元代的雕版印刷中心在浙江的杭州和福建的建阳，经久不衰。

中国古代雕版印刷用的工具

图说中外文化交流

北宋活字印刷发明人——毕昇雕像

据沈括《梦溪笔谈》卷十六记载：北宋庆历年间（1041—1048 年），平民毕昇（？—约 1051 年）发明了活字印刷术。它的基本原理与近代盛行的铅字排印方法完全相同。他用胶泥制成泥活字，一粒胶泥刻一字，经过火烧变硬，又事先准备好一块铁板，板上加铁框，内放一层混合的松香、蜡和纸灰等。框里排满字后即放在火上加热，松香、蜡、纸灰遇热熔化，冷却后一版泥活字就粘在一起。冷却时用一块平板将泥活字压平。一版印完，将铁板放在火上加热，即可取下泥活字，以备再用。为了提高效率，可将两块铁板交替使用。毕昇发

北宋毕昇发明的泥活字版模型

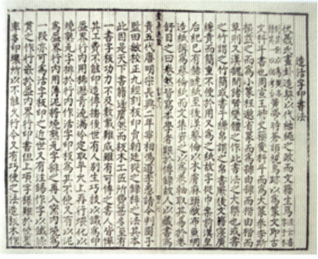

元代人王祯农书中记载的"造活字印书法"

明的活字印刷术，既省时又省力，经济方便，是一项伟大的发明，在中国和世界印刷技术史上都是一个创举。

100 多年后，元朝农学家王祯请工匠用 4 年时间制作了木活字 3 万多个，于大德二年（1298 年）试印他自己编修的《大德旌德县志》成功。全书 6 万字，一月之内，百部印成，可见效率很高。木活字印刷的主要方法是在木板上刻好阳文反字之后，锯成单字，用刀修齐，统一大小高低，然后排字，行间隔以竹片，排满一版框，用小竹片垫平并塞紧后涂墨铺纸刷印。王祯是我国历史上著名的发明家，不仅创制了木活字，而且还规定了木活字的规格，创制了转轮排字架，发明了由"以人就字"改为"以字就人"的排字法，并将制作木活字的方法和拣字排版、印刷等工艺技术流程编写成《造活字印书法》一书。为了提高选字的速度，王祯还发明了转轮排字盘，大大地提高了工作效率。

元代王祯发明的活字排版转盘模型（排版工作只需转动排字盘，无须来回奔走，省力且效率高）

描绘元代人王祯所创的木活字印刷过程的绘画

　　锡活字最早的记载见于元初王祯的《农书·造活字印书法》一书，据载："近世又铸锡作字，以铁贯之，作行，嵌于盔内，界行印书。"这是锡活字在历史文献中的最早记载，比欧洲金属活字的创制早一二百年。现存铜活字最早的印本是明弘治三年（1490年）江苏无锡华燧以铜活字印成的《会通馆印正宋诸臣奏议》50册，续后的有《锦绣万花谷》《百川学海》等大书。清代康熙末年内府已有铜活字，印有天文、数学等书籍，雍正六年（1728年）用大、小两号铜字印成《古今图书集成》10000卷、64部。铅活字印刷在我国最早见于明朝陆琛的《金台纪闻》一书记载："近日毗陵人用铜、铅为活字，视板印尤巧便。"只是尚未见铅活字所印书籍的实物。

　　唐宋的雕版印刷几乎完全使用水墨，文图都是黑色。元代至

西夏文活字版《妙法莲华经》

元六年（1340年）出现朱墨两色套印的《金刚经注》。明代正德（1506—1521年）以后，朱墨套印被推广，并有靛青印本及蓝朱墨3色、蓝黄朱墨4色、朱墨黛紫黄5色套印本。清代中叶又有6色本。图刻的彩色套印，最初是在一块版上涂几种颜色，如花上涂红色，枝干涂棕、黄色等，然后覆纸刷印。如万历年间滋兰堂刻印的程氏《墨苑》中的《天姥对廷图》《巨川舟楫图》及万历刻本《花史》等。稍后，发展为几种颜色分版套印。

印刷术发明后，最早传到了朝鲜，朝鲜最早的印本书主要是佛教经典。公元1011—1082年翻刻《大藏经》，共6000卷。由于这部经版在1232年蒙古入侵朝鲜时被烧掉，故在1237年又重新雕造，共计6791卷。这部

天津图书馆藏我国最早的
铜活字印本《宋诸臣奏议》

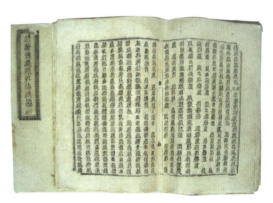

西夏文木活字印本《吉祥遍至口合本续》

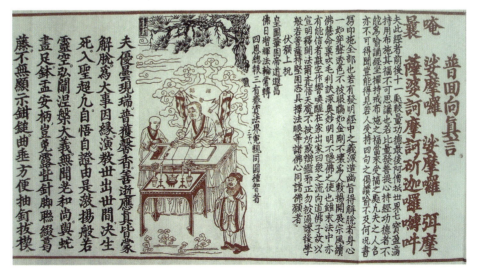

元代双色套印的《金刚经注》

经版经过后世几次修补，一直保存到现在，存于朝鲜海印寺，这就是有名的《高丽大藏经》。朝鲜除采用中国雕刻印刷外，还采用活字版印刷。公元1234年，崔怡用铸字印刷了《详定礼文》28本，这是世界上最早的金属活字印本，公元1298年印刷的《清凉答顺宗心要法门》被称为现存世界上最古的金属活字本。朝鲜也使用过木活字印刷书籍。到15世纪中叶，朝鲜人自己发明了铜活字，并代替了木活字，这是朝鲜人民的伟大创造。公元1436年印的《通鉴纲目》是世界上最早的铅字本，把印刷术向前推进了一大步。

关于中国印刷术传入日本的确切时间，说法不一，相传日本宝龟元

中国印刷术外传路线图

年（770年）曾印《无垢净光经根本陀罗尼》等4种经，共计100万卷，分藏于100万座小塔里，置于十大寺院内，至今仍有保存。据说这是由中国匠人到日本去印造的，但无文献明确记载，印品上也无年份可查。日本有确切年代可考的最早雕版印刷品是公元1088年刻印的《成

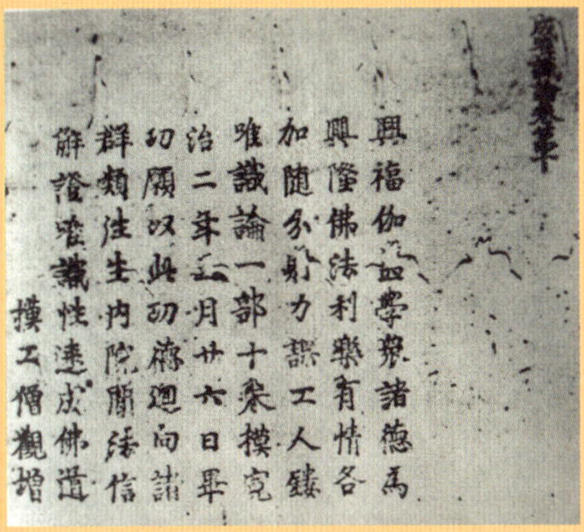
興福伽藍學衆諸德爲
興隆佛法利樂有情各
加隨分財力誂工人鏤
唯識論一部十卷摸竟
治二年三月廿六日畢
切願以此功德迴向諸
群類往生內院聞法信
解證悟識性速成佛道
摸工僧觀增

现存最早的日本雕印汉文书籍《成唯识论》

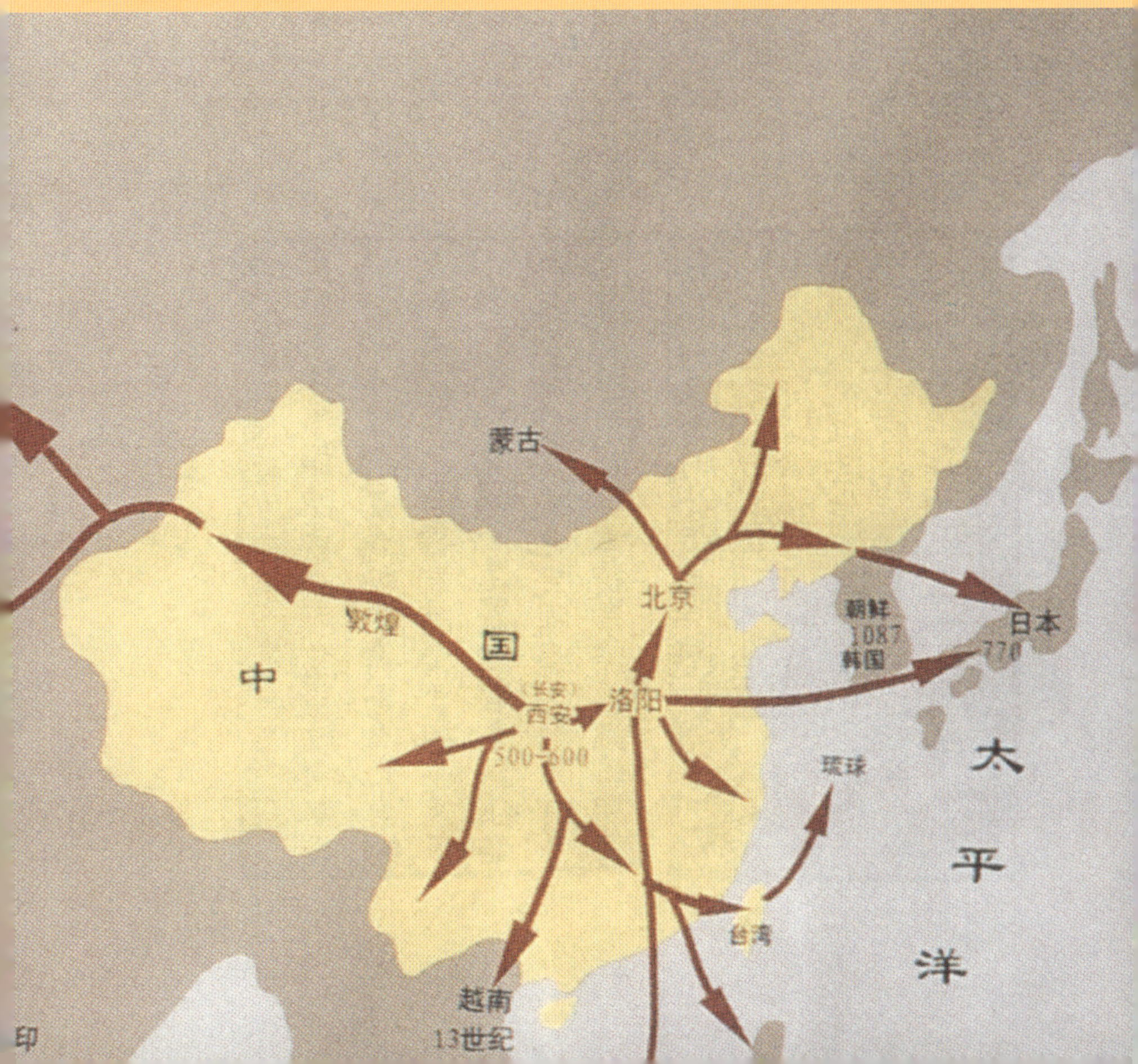

唯识论》，这是我国宋版书传入日本后的产物。

越南与我国在文化上的关系非常密切，两国交往很多，来中国的使节要求购买各种书籍及药材，回国的使节都带回满箱的书籍，使中国书籍大量流入越南。我国雕印的《大藏经》《道藏》都赠送过越南，故越南的早期印刷品均与佛教有关。至于越南历史上有记载的最早的印刷品是公元 1251—1268 年木版印刷的户口帖子，正式印书的时间是 1435 年，当时雕印了《四书大全》，到 1467 年又翻刻了《五经》。在菲律宾有确切证明的第一部印本书是 1593 年中国天主教徒约翰维拉（教名）在马尼拉刻印的《无极天主正教真传实录》的中文本和太格罗文本。据说，当时有 8 名中国刻字工人在菲律宾经营印刷业，中国印刷工人所印的书籍包括有中文、西班牙文和太格罗等文字。公元 1610 年以后，菲律宾才有自己的刻字工人，所以菲律宾的印刷事业毫无疑问是我国刻字工人所传播并开创的。东南亚的其他各国如真腊（今柬埔寨）、暹罗（今泰国）、爪哇、

北宋印刷的纸币——四川交子

明万历二十四年刻印的《三国志注》

旧港（在今印度尼西亚）等，在 14 世纪都曾得到我国赠送的印刷品，如历书《大统历》和明代通行的纸币"大明宝钞"，特别是公元 1404 年明成祖命礼部向海外各国赠《列女传》1 万本，暹罗就曾得到 100 本。中国的印刷品直接传入这些国家，引起了当地人们对印刷术的兴趣，刺激了当地印刷业的发展。

我国历史上称伊朗为安息、波斯。中国的纸及纸币也传入波斯，波斯人熟知中国的印刷术，曾效法中国印制纸币，所以在中国印刷术向西方传播的过程中，纸币有很大的作用。公元 1294 年，波斯京城大不列士利用雕版印刷，仿照我国元朝的"至元宝钞"印制了纸币，上面印有汉字和阿拉伯文。1310 年，波斯的历史学家拉希德丁在《世界史》中对中国雕版印刷术进行了详细的描述，这些都证明波斯是通过中国才知道印刷术的。波斯虽然了解印刷术，但却没有发展印刷事业，也未印刷什么书籍，这与他们这时信奉伊斯兰教，不愿将《可兰经》印成文字有关。

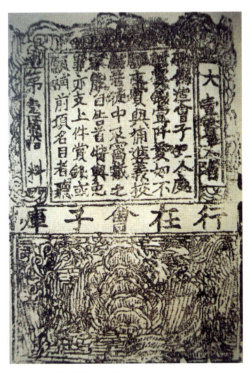

南宋印刷的纸币——行在会子

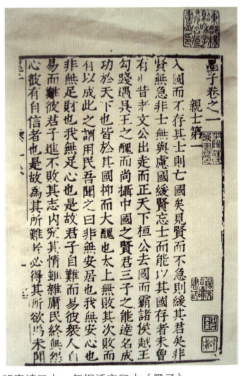

明嘉靖三十一年铜活字印本《墨子》

欧洲人最早见到的中国印刷品是元朝的纸币，他们觉得以纸代替金银使用，是一件非常奇怪的事。13 至 14 世纪来过中国的欧洲人，对元朝纸币的原料、形状、大小、币值、文字、玺印、兑换流通等情况，都有所叙述。在《马可·波罗游记》中对纸币也有详细的记载。通过这些旅行家，把印刷术的知识带到欧洲是很自然的。十字军东征时，从东方带去了许多欧洲没有的事物，其中的印刷品就有纸牌、版画、图像等，许多史学家都指出：十字军把东方的雕刻印刷品带回了欧洲。

　　在 14 世纪末，欧洲开始有木版印刷的圣像、纸牌等雕版印刷品，现存最早有确实日期的印刷品是 1423 年的木版画圣克利斯道夫像，这是德国南部的产品。欧洲人从印刷画像发展到印刷雕版书籍是在 15 世纪 40 年代。在印刷方法上也是在木板上雕刻阳文的文字或图画，上面蘸墨，然后铺上纸张，用刷子轻轻一刷而成印页，这与中国的印刷方法完全一致。印页也是单面，一张纸上印两页，然后对折，同中国书籍一样。这都证明欧洲的雕版印刷术是在东方的影响下产生的，在技术的特征上是与中国相同的。

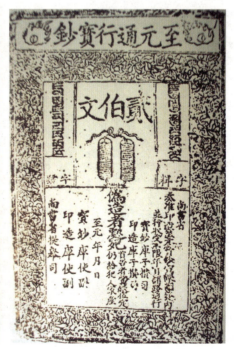

清代武英殿聚珍本程式（木活字印刷）　　　　　元代印刷的纸币——至元钞

指南针

利用磁石的指极性创造出各种指示方向的工具，是我国古代的一项伟大发明。指南针的始祖大约出现在战国时期，它是用天然磁石制成的，样子像一把汤勺，圆底，可以放在平滑的"地盘"上并保持平衡，且可以自由旋转。当它静止的时候，勺柄就会指向南方，古人称它为"司南"。司南是用整块天然磁石经过琢磨制成勺型，勺柄指南极，并使整个勺的重心恰好落到勺底的正中，勺置于光滑的地盘之中，地盘外方内圆，四周刻有干支四维，合成二十四向。这样的设计是古人认真观察了许多自然界有关磁的现象，积累了大量的知识和经验，经过长期的研究才完成的。司南的出现是人们对磁体指极性认识的实际应用。但是司南也存在明显的缺陷，天然磁体不易找到，在加工时容易因打击、受热而失磁。所以司南的磁性比较弱，而且它与地盘接触处要非常光滑，否则会因转动摩擦阻力过大，而难于旋转，无法达到预期的指南效果。而且司南有一定的体积和重量，携带很不方便，这可能是司南长期未得到广泛应用的主要原因。

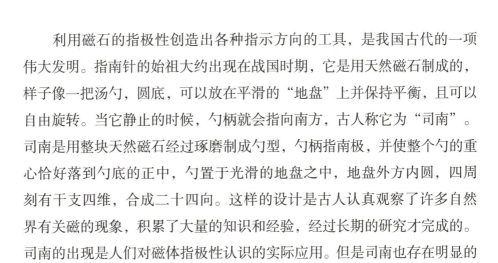

汉代所造的司南

图说中外文化交流

除了司南外，我国在西晋时期还发明了指南鱼。首先，把铁片剪成鱼形，然后再加热到通红。再把鱼尾对着正北方，蘸水，使鱼冷却，经过这样的操作后，铁片鱼就具有了磁性。古人的操作

指南鱼示意图

虽然是凭借经验积累，但其中确实有一定的道理。首先，将铁片加热到通红，可以看作是使铁片的温度高于居里点（约 700℃），因而铁片的无规则排列的磁畴便瓦解，自发磁化完全消失，这样铁片就变成了顺磁体，不再具有自发磁化特性。当蘸水冷却后，磁畴又重新恢复。由于这时铁片成南北方向放置，所以在地磁场的作用下，磁畴的排列具有一定的方向性，对着北方的"鱼尾"被磁化成为北极，"鱼头"自然指向南极。因此"鱼"浮在水面时，其首部自然要指向南面。

到了宋代，指南针的发展达到了一个新的阶段，主要有两大变化：一是人工磁体代替了天然磁石，一是磁针代替了磁勺或磁鱼。沈括在《梦溪笔谈》中比较详细地介绍了这种方法，即用磁石去摩擦缝衣针，就能使针带上磁性。从现在的观点来看，这是一种利用天然磁石的磁场作用，使钢针内部磁畴的排列趋于某一方向，从而使钢针显示出磁性的方法。这种方法比地磁法简单，而且磁化效果比地磁法好，摩擦法的发明不但在世界上最早，而且为有实用价值的磁指向器的出现创造了条件。沈括还介绍了 4 种安置磁针的方法：

1. 水浮法——在磁针上穿几根灯芯草就可以浮在水面，并指示方向。水浮法的缺点是磁针会随水摇荡不定。

2. 碗唇旋定法——将磁针搁在碗口边缘，磁针可以旋转，指示方向。由于摩擦力小，转动很灵活，缺点是容易滑落。

"水浮法"指南针

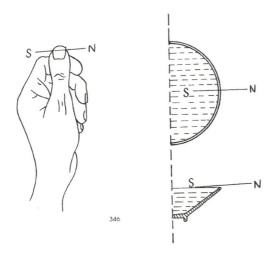

346

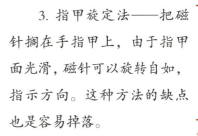

"指甲旋定法"与"碗口旋定法"示意图

"缕悬法"指南针模型

3. 指甲旋定法——把磁针搁在手指甲上，由于指甲面光滑，磁针可以旋转自如，指示方向。这种方法的缺点也是容易掉落。

4. 缕悬法——在磁针中部涂一些蜡，粘一根蚕丝，挂在没有风的地方，就可以指示方向了。

在这些方法中，沈括比较后认为缕悬法是较为理想而又切实可行的方法。事实上沈括指出的4种方法已经归纳了迄今为止指南针装置的两大体系——水针和旱针。

南宋陈元靓在《事林广记》中介绍了指南龟的制作方法。这是当时流行的一种新装置，其方法是将一块天然磁石放置在木刻龟的腹内，

指南龟模型

图说中外文化交流

南宋持罗盘的俑（江西临川县出土）

在木龟腹下方挖一光滑的小孔，对准并放置在直立于木板上的顶端尖滑的竹钉上，这样木龟就被放置在一个固定的可以自由旋转的支点上了。由于支点处摩擦力很小，木龟可以自由转动指南。当时它并没有用于航海指向，而是用于幻术，但这却是后来出现的旱罗盘的先声。

随着指南技术的进一步发展，我国古人又发明了更方便的指南仪器——罗盘。最早有关罗盘的记载出现在南宋，当时的罗盘是水罗盘，磁针横串着灯草浮在水面上。到了明嘉靖年间（1522—1566年），又出现了

明代水罗盘

明代郑和航海路线及针位图（局部）

旱罗盘。旱罗盘以钉子支在磁针的重心处，并且使支点的摩擦阻力十分小，磁针可以自由转动。由于磁针有了固定支点，就不会像放在水面那样到处游荡，因此旱罗盘比水罗盘更适用于航海。

指南针发明以后，遂被用于航海。据记载，公元1123年北宋使者出使高丽所乘的航船就使用了水浮罗盘。直到南宋时，仍使用"针盘"导航，这种针盘仍然使用"浮针"，尚未使用"旱针"。尽管如此，指南针对海上交通的发展和中外经济文化的交流仍起了极大作用。虽然使用了罗盘导航，同时仍需借助于天文导航和地文

清代支撑式指北盘

导航知识。后来，将船舶航向的变化与指针变动的关系总结出来，形成了这条航线的针路。有了针路，航船才能脱离天文导航而依靠指南针导航。针路上指针的变更点称之为针位，将针位用文字记录下来，称之为针经。现存最早的针经见于元人周达观的《真腊风土记》一书。明代郑和七次下西洋时，在其航海图中也记载了沿线的针位。

指南针在公元11世纪时已是常用的定向仪器。指南针的最大贡献是大大地促进了航海事业的发展。据考证，公元11世纪末，指南针就开始用于航海了。大约在12世纪末到13世纪初，指南针由海路传入阿拉伯，然后由阿拉伯传入了欧洲。

古代指南车模型，主要用于出行时帝王的仪杖

火 药

许多史籍的记载都表明，最早的火药是在公元9世纪后半期问世的。当时发明的火药，现在叫黑色火药，是硝石、硫黄和木炭三种粉末的混合物。硝石的化学成分主要是硝酸钾，硝酸钾是氧化剂，加热时释放氧气，硫黄和炭容易被氧化，所以把硫黄、木炭、硝石混合在一起燃烧，就会发生迅猛的氧化还原反应，在反应中放出高热和产生大量气体。如果混合物是包裹在纸、布或充塞在陶罐、石孔里，燃烧时由于体积突然膨胀，就会发生爆炸，这就是黑火药燃烧爆炸的原理。

制造火药的三种物质——木炭、硫黄、硝

古代伏火爆炸场面图

　　火药是我古代的炼丹家发明的。在炼丹过程中，他们很注重硫黄，因为硫黄是能够制服金属的奇异物质，它可以和水银化合生成硫化汞，还可以和铜、铁等金属化合。硫黄性质活泼，容易着火。炼丹家对于硫黄、砒霜等在使用之前，常用烧灼的办法"伏"一下，"伏"是降伏的意思，使毒性失去或降低，这种手续称为"伏火"。唐初的名医兼炼丹家孙思邈在"丹经内伏硫黄法"中，就记载有"伏火"的方法。唐朝中期有个名叫清虚子的人，在"伏火矾法"中提出了一个伏火的方子："硫二两，硝二两，马兜铃三钱半。右为末，拌匀。掘坑，入药于罐内与地平。将熟火一块，弹子大，下放里内，烟渐起。"他用马兜铃代替了孙思邈方子中的皂角，这两种物质是代替碳起燃烧作用的。伏火的方子都含有碳素，而且伏硫黄要加硝石，伏硝石要加硫黄。这说明炼丹家有意要使药物引起燃烧，以去掉它们的猛毒。在进行硫黄"伏火"的种种实验中，发现当硫黄、木炭和硝石一起加热时，极易发生激烈的燃烧，因药物伏火而引起丹房失火的事故时有发生。由于

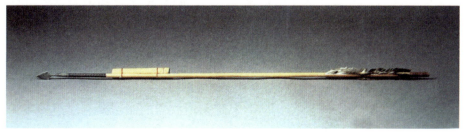

明代火箭模型

《武经总要》中所载的鸟铳

火药的发明来自制丹配药的过程中，在火药发明之后，曾被当作药类，《本草纲目》中就提到火药能治疮癣，杀虫，辟湿气、瘟疫。

火药发明后，最初是用于制作炮仗取乐，如烟火、起火，鞭炮等，唐朝末年才开始运用于军事上。唐哀帝天祐年初，郑潘攻豫章，"发机飞火"烧了敌方城门。这说明火药用于武器的最初形式主要是以其燃烧性来攻击敌方，如火药箭、火毯之类。宋太祖开宝三年（970年），兵部令史冯升向宋太祖献火箭法。开宝八年（975年），北宋军队进攻南唐，曾使用了火箭两万支及火炮等武器。说明宋朝

已经正式将火药用来制造武器了。成书于1044年的《武经总要》一书，详细记载了制毒药烟球、蒺藜火球和引火球（也叫"火炮"）3种火药的配方。其中的主要成分是硝、硫、炭，而且硝的比重大大增加。唐代

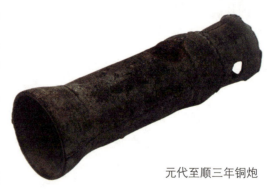

元代至顺三年铜炮

火药中硫、硝的含量相同，为1:1，而在这3个配方中已增加到1:2，甚至近乎1:3，已与后世黑火药中硝占3:4的配方接近。同时，又加进各种少量辅助性配料，分别起燃烧、爆炸、放毒和制造烟雾等作用，可见当时的火药配方已经相当复杂了。

南宋时火药武器的制造又有了进一步的

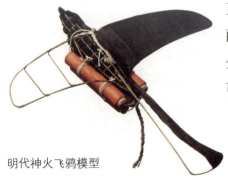

明代神火飞鸦模型

发展。在其初年，陈规发明了把火药装在竹管子里，造出了被称为竹管火枪的火器，可以说是世界上最早的管状火器。这种火器在战争中点燃发射，以达到烧伤敌人的目的。管状火器的发明，是火器史上的一项划时代的重要事件，揭开了世界军事史上热兵器时代的序幕。随后火药武器又通过中原王朝与国内各民族政权之间的战争传播至北方各少数民族地区。辽、金、元统治时期都各自建立了自己的火器军队，并建立了相应的制造机构，创制出了飞火枪、铜铁火炮等新武器。元朝在对外战争中于 13 世纪后半期将火器技术传播到高丽、日本、安南、爪哇等地。

欧洲人的火器知识来自于阿拉伯。中国的炼丹术向西首先传到阿拉伯帝国，时间在 8—9 世纪，与此同时，硝也传到了这里。中国硝被阿拉伯人用于燃烧，时间在 1225 年至 1248 年之间。阿拉伯人学会了烟火和火药的制造技术后，在十字军东征时，他们利用含硝的烟火剂打退了敌人的进攻。

明代火龙出水模型（在水战中使用）

但是阿拉伯人并没有在此基础上创制出火器，其火器制造技术是由蒙古人用战争带去的。蒙古军队在西征的过程中，大量使用毒火罐、火箭、火炮、火铳等各种火器，打败了阿拉伯军队。在战争过程中，不可避免地使有些蒙古人被俘或投降，这些蒙古人随身带有各种火器，从而使阿拉伯人获得了中国的火器与制造这类武器

元代所造的陶蒺藜（内装火药，爆炸后杀伤力很大）

的人员。直到 13 世纪末至 14 世纪初，阿拉伯人才把中国传去的火箭与突火枪用于军事作战。

欧洲人在 13 世纪后半期从阿拉伯人那里获得了火药知识，14 世纪初一些欧洲国家在战争中获得了火药在军事中的使用方法。

由于火药对世界的社会进步、经济和科学发展发挥了巨大的作用，特别是在武器方面，为以后的火箭、导弹的发展奠定了基础。所以，英国的唯物主义者和现代实验科学的真正始祖培根（1214—1294 年）看到我国的印刷术、火药与指南针在世界上所起的作用时，极力称颂这三大发明，他说："这三种东西曾改变了整个世界的面貌和事物的状况。第一种在文学上，第二种在战争中，第三种在航海上。从那里接着产生了无数的变化，变化是这样之大，以致没有一个帝国，没有一个学派，没有一颗星星能比这三种机械的发明在人类事业中产生更大的力量和影响。"

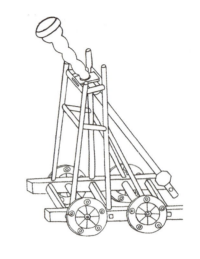

清代高射角火炮示意图

明代铁炮

欧洲最早出现的火枪，时间约在 1396 年

明代所制的架火战车

医学与药物学

中国的周边国家和地区，主要指东亚及东南亚地区，早在一千多年前就接受了中医药，并与当地文化相结合，形成当地主要的医疗保健体系。19 世纪，西医药进入中国周边国家和地区之后，西医药在这些国家和地区逐渐成为主流，中医药才受到压制。

春秋时秦国著名医家——医和画像

河南南阳纪念张仲景的医圣祠

　　中医药最早传播的地区是朝鲜半岛，公元4世纪时传入，与当地文化结合，形成了今天的韩医药。韩国政府承认韩国传统医药的合法性，并将其列入了医疗保险。朝鲜古代著名的医书《东医宝鉴》，其作者许俊在编写该书时引用了86种书籍，其中绝大部分都是中国医书。隋唐时期是中国医学对朝鲜半岛影响较大的一个历史时期，其医学制度也曾效仿隋唐，设医学，置医学博士，以中国医书《素问》《难经》《甲乙经》《本草经》等为教材教授学生。《甲乙经》是西晋人皇甫谧所撰的《针灸甲乙经》的简称，朝鲜针灸学的孔穴部位与《甲乙经》基本是一样的。唐朝官修的药典——《新修本草》，也被引进到朝鲜半岛。

　　此后，朝鲜还出版了我国古代的法医学著作，主要指元代人王氏所撰的《无冤录》，朝鲜有音注及用谚文（朝文）翻译的三种版本。其本国医学

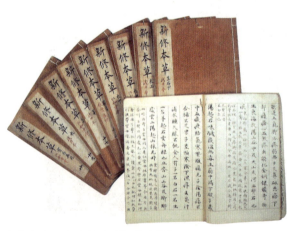

唐代官方颁布的药典《新修本草》

家金礼蒙所撰的《医方类聚》就引用了大量的中国古代医书。朝鲜在李朝正祖（1777—1800年）时编写的《本草精华》就是以《本草纲目》删节改编而成的，附有朝鲜文谚解。朝鲜医学家许任之所撰的《针灸经验方》，也是在中医针灸学的基础上撰成的，其所用的大量穴位都采自中国医书。在李朝统治时期，经常向中国派遣学生学习医术，有时也请中国医生入朝为王室成员诊病，双方在医学方面的交流非常频繁。

朝鲜医学家许任之著《针灸经验方》（日本抄本）

朝鲜医学家金礼蒙所编的医学类书《医方类聚》（分类收编了中国和朝鲜古代医书150余种，此为明正统刻本）

日本收藏的中国古代医书《太平圣惠方》

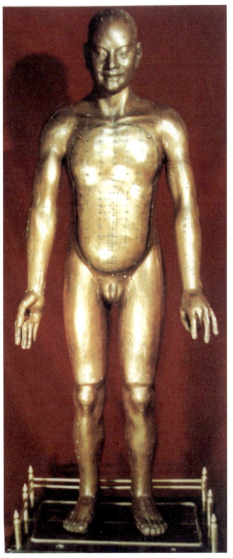

中国医史博物馆收藏的北宋天圣年间的针灸铜人（复原件）

中国医学进入日本的确切时间，目前还不十分清楚。但一般认为是公元5世纪由朝鲜传入，因当时的朝鲜使者为天皇治病很有成效，使日本学者认识到了中国医学的价值并且接受了中国医学。中国医学以朝鲜为媒介传入日本，成为日本汉方医学的渊源。

公元552年，梁元帝赠给日本《针经》一套。562年，吴人知聪携《明堂图》及医药书籍164卷到日本，开始了中日医学的直接交流。至隋唐之际，中日两国交往日益频繁，608年，日本推古天皇派遣药师惠日及留学生

唐代医学家孙思邈画像

来中国学医，历时15年，于628年学成回国，并带回了大量的隋唐医书。754年唐朝高僧鉴真应邀携带大批医书东渡日本成功，对日本医学的发展起到了推动和促进的作用。此后隋唐、宋代医学及医药著作源源不断地传入日本，成为日本医学的主流。此外，当时日本不仅在临床上采用中医药理论与方药，而且其医学著作、医事制度、医学教育、医药管理等方面均与我国同出一辙。日本文武天皇于大宝元年（701年）颁布大宝令，其中的《医疾令》规定学医的学生必修《甲乙经》《本草》《素问》《黄帝针经》《脉经》等书。至平安朝时代（794—1189年），日本医学也都是根据《大宝律令》，

陕西西安出土的唐提梁银药锅

以学习中国医学为主，在针灸方面多以《甲乙经》为主要参考书。日本在9世纪编成的《大同类聚方》100卷，就是以中国《素问》《黄帝内经》《黄帝针经》《甲乙经》《脉经》《本草》《小品方》等为蓝本编纂而成的。公元10世纪，丹波康赖撰述《医心方》

本草纲目（清光绪鸿宝斋三次石印本）　　　　日本医家岗本竹（公元 1655—1716 年著《针灸阿是要穴》一书）

中国古代医书——《黄帝内经素问》（四部丛刊本）　　　　中国古代医书——《金匮要略》（晋王叔和辑，四部丛刊本）

30 卷，除以《诸病源候论》为主外，还博采南朝、隋唐医药书籍百余种。

　　日本学习中国医学的热潮一直持续到 15 世纪，对日本汉方医学的独立发展与形成体系奠定了坚实的基础。但是这并不表示此后的日本不再学习中国医学了，只是在规模上有所缩小而已。如田代三喜（1465—1537 年）入明朝拜僧人月湖为师，专攻金元医学，留学 12 年，回国后首倡李朱医学。适逢当时日本社会盛行宋儒理学，其弟子曲直濑道三大力推广普及，并建立启迪院，教授门徒 800 余人，李朱医学逐渐遍及日本各地，风靡一时。公元 1571 年，曲直濑道三的代表作《启迪集》问世，该书引用中国医书达 63 种之多。日本医学家岗本竹（1655—1716 年）所著的《针灸阿是要穴》一书也参考了大量的中国医书。日本是迄今为止将《本草纲目》全书译为本国语的国家，并且全译过两次，时间是 1929 年至 1934 年和 1973 年至 1979 年，后一版本被誉为目前《本草纲目》国外译本中最好的版本。

出土的唐代手术器械——镊子、剪刀

陕西西安出土的唐代带盖儿的银药盒

　　在日本江户时代（1603—1876年），在医学界掀起了复古浪潮，反对医学中阴阳五行理论与道教求仙的神农本草医学，认为它们不能与张仲景的医学相提并论，独崇汉代名医张仲景的《伤寒论》并加以发扬。他们以《伤寒论》为基础，建立了古方派的学术体系。尤其是古方派的主要代表人物吉益东洞所撰的《类聚方》《药征》等著作，就是选择性地吸收了《伤寒杂病论》的精髓部分，结合自身经验类编而成，使古方派发展达到顶点，至今不衰。

　　明治时期日本打破了闭关锁国的政策，西方医学进入日本，使汉方医学受到了极大的挑战，并渐趋衰落。直到20世纪初，日本医学界才出

明代著名医学家李时珍塑像

北宋《和剂局方》书影（和剂局为宋代官办的负责民间医疗的机构）

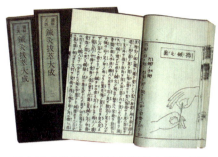

日本盛文堂刻本《针灸拔萃大成》书影

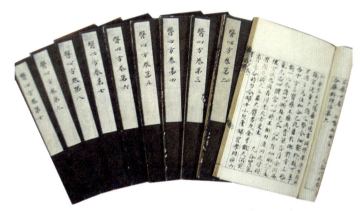

日本现存最早的综合性大型医方书《医心方》

敦煌壁画《送医图》（表现医生受邀前往民家送医药的情景）

艾纳香图（反映一位阿拉伯人向中国医生请教艾纳香使用方法的场景）

现了重新评估汉方医学的复兴力量，使其得到相当程度的恢复和发展。

中国医学对欧美等国的影响较小，但也不是全无影响。如法国人社赫德（1674—1743 年）在其所编的出版于巴黎的《中华帝国全志》的第 3 卷中，就已把《本草纲目》卷首中的一部分摘译成法文。法国学者范特蒙德在 1732 年由华返法后将《本草纲目》的金石部译成法文，在 1896 年刊行。这部《中华帝国志》在 1747—1749 年全部

明代熏眼罐

宋代杂剧——《眼酸药》

被译成德文，在德国罗斯托克埠出
版；1736 年，《中华帝国志》被
译成英文，以《中国通史》之名
在伦敦出版。这样就使得中医药
也为这些国家所了解。

南宋人宋慈撰写的法医专
著——《洗冤集录》，在鸦片战
争之后被传入欧洲，并被加以翻

江阴明代墓出土的洗眼壶（用于治疗眼病的器械）

译或介绍，共有荷兰译本，法国节译本、全译本，英国译本 6 种译本。
英国科学家李约瑟博士对此书评价甚高，认为应该为 13 世纪世界上最早
的法医学家中国宋慈的光辉业绩欢呼致敬。此外，国外还大量收藏有中
国古代医药书籍，仅美国新泽西州普林斯顿大学的格斯特东方图书馆藏
书中就有中国古医书 1160 种，应是西方这类图书资料中的最大收藏者。

中国医学对世界的贡献还表现在对天花的认识和人痘接种术的发展
上，这是明代医学的突出创新。人痘接种术起于何时尚无定论，但在明
代得到普通应用则是公认的。人痘接种术是震动世界医学史的大事，它

宋代李唐绘《村医图》

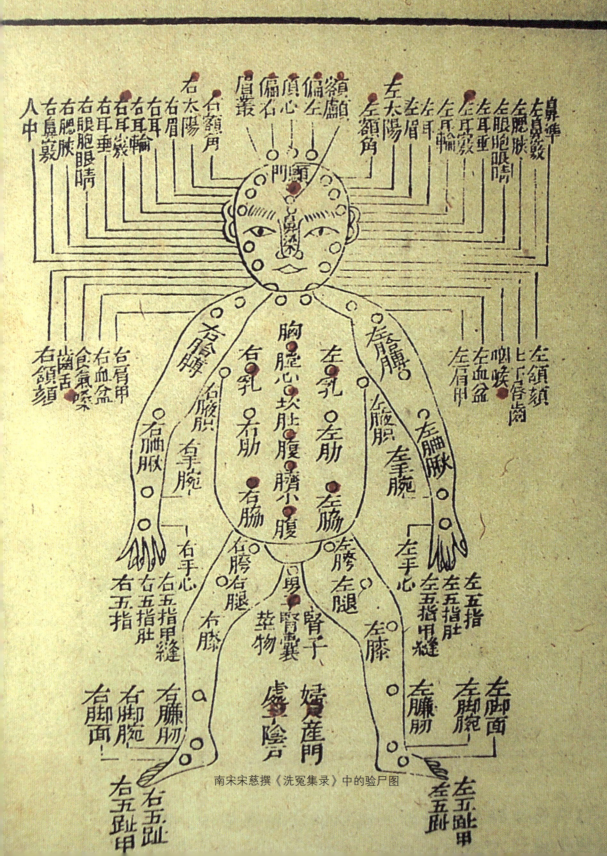

南宋宋慈撰《洗冤集录》中的验尸图

出土的宋代玛瑙手术刀

出土的西周时期的医用青铜三棱针

启迪琴纳而发明了牛痘接种术，开辟了免疫学的新纪元。

当然外国的医学对中国也有一定的影响，早在隋唐时期就有一批印度眼科医生、波斯医生来华行医，有关这方面的记载很多。专门的医学专著也被传入中国，主要佛教医药学著作的翻译，如7世纪翻译的《千手千眼观世音菩萨治病合药经》。同时，中国也引进了不少外国药物，以至于写出了不少介绍外来药物的专著，这就是波斯人李珣撰写的《海药本草》和郑虔所撰的《胡本草》，后一书很可能是专门介绍波斯药物的著作。

至明清时期，西方医学开始大量传入中国。它是伴随着西方的基督教文化一同流入中国的，时间是在明朝中期。早在1557年，葡萄牙人就在澳门开设了圣斐尔医院和麻风病院，这是西方人在中国创办的第一所教会医院。公元1582年，意大利传教士利玛窦来华利用医疗活动进行传教，前后长达32年之久。清朝康熙年间，一批欧洲传教士相继来华，并且治好了康熙皇帝所患的疟疾，从而引起了康熙对西方医学的兴趣，一些西方医生相继在内廷供职，从而扩大了西方医学的影响。此后，中国采取闭关锁国政策，西方医学的传入不得不中断。1840年的鸦片战争打开了中国的大门，帝国主义经济和文化大量涌入，西方医学又随之传入中国，并迅速传播开来，仅仅半个世纪，西医的医院、诊所、医学院、医学杂志便差不多遍及中国。

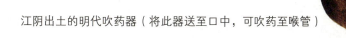

江阴出土的明代吹药器（将此器送至口中，可吹药至喉管）

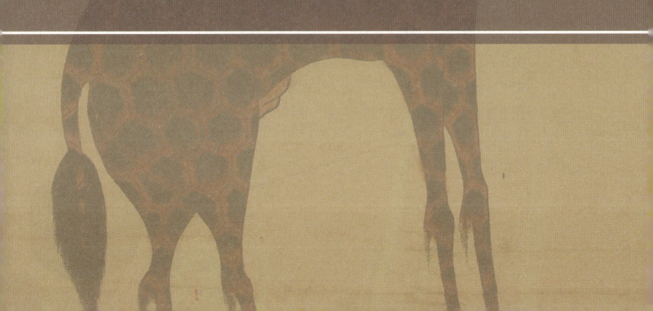

　　在生产技术方面，中国古代长期以来保持着世界领先的水平，其生产总量在很长的一个历史时期内超过世界各国的总和，尤其是在农业生产、陶瓷制造、丝绸纺织、冶金机械、船舶制造等方面的技术，对促进整个世界文明的发展做出了重大的贡献，因此，中国一度被誉为"丝绸之国""陶瓷之国"。中国古代之所以能在这些方面取得突出的成就，除了我国人民勇于探索，具有超凡的智慧和创造能力外，善于吸收和引进外来的优秀文明成果，也是一个重要的原因。

第六章
生产技术与物种引进

陶瓷贸易与陶瓷制造

　　中国是陶瓷制造技术的发明国，陶瓷也是深受世界各国欢迎的中国商品之一。中国陶瓷的大规模对外贸易是从唐代开始的，与陆上丝绸之路不同，陶瓷贸易主要是通过海上进行的（当然不能排除陆路也同时进行着陶瓷贸易，只是数量较少而已），所以一些外国学者将这条海上交通线称为"陶瓷之路"。中国瓷器的出口曾对世界经济文化的发展起过重要的作用，在相当长一段时期内，瓷器对西方的影响力甚至大于丝绸，故西方人直呼中国为"瓷国"，中国的英文名称China，实际就是"瓷"的意思。特别是在14世纪以后，当中国瓷器远销到世界各地之时，反映

陕西法门寺出土的唐代秘色瓷八棱净水瓶

明嘉靖五彩鱼藻纹盖罐

中国传统文化的陶瓷艺术风格也直接影响着世界各国的瓷器。瓷器的外销热潮同时带动了制瓷技术的传播与交流，受其影响最大的是日本与朝鲜。此外，在欧洲的一些国家，如德国、英国、意大利、奥地利等国的制瓷风格也明显受到了中国瓷器的影响。

中国瓷器在国外畅销的原因，除了当时海上交通发达、瓷器价廉物美外，还有一个重要的原因，那就是富有东方民族色彩的瓷器，作为盛食

清粉彩镂空转心瓶

朝鲜青瓷镶嵌凤鸟纹注子（15世纪）

韩国藏铁绘花奔纹梅瓶（11世纪）

埃及开罗伊斯兰博物馆藏中国古代瓷器

器不仅可以代替简陋的木器、陶器和昂贵的金属器，同时作为珍贵的艺术品，陈设在宫殿、花园里也可以显示高贵富有的身份。当时在世界各国上层社会里，无不以珍藏中国瓷器为荣，例如埃及河尤布王朝的创建者萨拉丁，就曾以40件龙泉青瓷作为高级礼品，送给大马士革苏丹诺尔丁。

所谓海上陶瓷之路包括两条：一条是中日航线，经明州（今浙江宁波）抵达日本、朝鲜；另一条是自广州经过马来半岛，再经过印度洋，抵达波斯湾，到达地中海沿线各国。陶瓷贸易之所以多通过海路进行，是因为陶瓷容易破碎，走陆路损耗太大，海上运输不仅损耗较小，而且船的容量较大。有一种避免陶瓷器损耗的方法很有趣：将数十个碗缚在一起，里面放上沙土和豆麦，然后洒一些水，等豆麦发芽之后，再捆绑装货，自然就少了许多磕磕碰碰。

肯尼亚小镇曼布鲁斯穆斯林古墓上镶嵌中国瓷器作为装饰

中国和日本是"一衣带水"的近邻，两国早在汉朝就有贸易往来，隋唐时期日本政府派往中国的"遣唐使团"达19次之多，这些使团也带回了大批中国瓷器，活跃了两国之间的贸易往来。文献记载唐宋时期中国商船从明州（今浙江宁波）港口出发，驶往日本九州港就达百余次之多。

最早出现在欧洲的瓷器是通过波斯、埃及等国传过去的，数量极少。唐宋时期，中国的瓷器贸易主要由阿拉伯人控制。1517年，葡萄牙商船

清雍正斗彩海水江山团花天球瓶

日本江户时期的仿万历五彩提梁桶

土耳其收藏的中国明代瓷瓶

土耳其收藏的中国明代瓷瓶

清雍正龙纹瓷瓶

印度尼西亚苏丹王宫收藏的中国明代瓷盘

第一次抵达澳门，欧洲与中国的直接贸易以瓷器开始，中国瓷器从此遍及欧洲各国。

中国陶器的输出始于何时，现在尚难确认。战国时期中国的陶器已到达东南亚地区，且由两广地区输出的可能性最大，而粤西海道则是必经之地，从这一点来看，认为粤西地区是"陶瓷之路"的发源地之一，并不为过。最早接受中国外销瓷器的地点至今仍未能认定，但在西沙群岛北礁盘上发现的南朝青釉六耳罐，使我们确信至迟在南北朝时期，海外已开始接受中国的外销瓷器。中国瓷器传入阿拉伯的确切年代目前尚难考证，据波斯人伊哈齐（995—1077年）记述，唐朝中期，巴格达的哈里发宫廷曾得到"中国皇帝御用的碗、杯、盏、碟等餐具"，这显然是输入了中国一流的瓷器。当然，中国输入阿拉伯的瓷器也可能走"陆上丝绸之路"。中国的唐代陶瓷器广泛见于东南亚、西亚与非洲。从输出的产品看，主要来自越窑或长沙窑，广东的新会窑、高明窑、水车窑也有相当数量。珠海伶仃岛附近海域曾发现一批唐代新会窑烧制的青釉陶瓷器，罐与碗大小相套，层层相叠。广州—波斯湾航线的沿岸港口均可见唐瓷出土。

两宋时期，中国瓷业迅猛发展并达到很高的水平，真正使中国瓷器扬威世界应是在这一历史时期。造船与航海技术的进步是唐宋时期我国海

元钧窑双耳三足炉

明青花海水云龙扁瓶

外贸易迅猛发展的基本条件。由于宋瓷在世界上处于领先地位，深受世人喜爱，需求量很大，因此推动了宋代瓷业的发展。明清时期，"陶瓷之路"发展到一个新的阶段。明清政府曾几度实行"海禁"，对海外贸易有很大的影响。明嘉靖年间，只保留广州的市舶司，一度使广州成为全国唯一的对外通商贸易口岸，但各地民间闯禁私自出海贸易者亦为数不少。另外，郑和七次下西洋，出南海，过印度洋，远航至非洲东岸及红海，客观上也刺激了海外贸易的进行。

在陶瓷制造技术方面，中国发明陶瓷的历史要比欧洲早 1700 多年。直到 18 世纪，欧洲人仍然在苦苦地寻觅着瓷器制造的秘密，而中国，早在东汉时期便已破译了这个秘密。虽然威尼斯商人马可·波罗在其所著的《马可·波罗游记》中较详尽地记载了中国瓷器及其制作方法，对欧洲人制造陶瓷具有启发作用，但是法国甚至整个欧洲如英国，西班牙、意大利等国的真正陶瓷制品的出现，却是在很多年以后的事情了。法国传教士昂特雷科莱 1712 年来到景德镇，并在此生活了 7 年之久，将景德镇制胎、施釉、烧制的技艺传递给欧洲，启迪了当时仍在探索着的欧洲人，使他们豁然开朗，促进了欧洲陶瓷制造业的发展。

日本制瓷工业的发展和中国有着密不可分的关系。"奈良三彩"是

《天工开物》所绘的制瓷图之一

《天工开物》所绘的制瓷图之二

明宣德海水纹炉

中国的唐三彩传到日本后，由日本匠师仿造而成的，日本陶瓷学术界将这件事称为日本"最初真正独特风格的施釉陶器产生的划时代的事件"。南宋嘉定十六年（1223 年），日本人加藤四到中国福建学习制造技术，为时约 5 年，归国之后在尾张濑户制造黑釉瓷器，烧制成功，后来日本人称瓷器为"濑户物"，并尊加藤四为日本的"陶祖"。明代中期，五良太浦（汉名吴祥瑞）来到景德镇向中国的陶瓷技师学习制瓷技术。5 年之后，即公元 1513 年，五良太浦返回日本，在日本肥前的有田附近和奈良附近的鹿脊山开窑烧制瓷器。

新疆出土的元代青瓷盘

外国人喜欢的清代喜字罐

元釉里红缠枝牡丹大碗

清康熙天蓝釉菊瓣尊

在8至9世纪，波斯陶工仿造传到波斯的唐三彩而制成华丽的"多彩釉陶器"，又名"波斯三彩"。这是一种在红褐色的坯体表面敷挂一层白色化妆土后，用绿釉和黄褐釉涂饰于其上，或点绘几何纹、花卉等图案，焙烧时釉色流动交融，烧成后光彩斑斓，颇似唐三彩。后来所谓的"波斯青花"瓷器，也是仿中国青花瓷而制成的。

中国陶瓷制造技术同样启迪、影响了非洲陶瓷技术的发展。在位于开罗南郊的号称古代埃及最大的制陶中心的福斯塔遗址出土的六七十万块陶瓷碎片中，其中百分之七十至八十是中国陶瓷的仿制品。在输入中国唐三彩之后（9至10世纪），福斯塔陶工模仿唐三彩烧出多彩纹陶器和多彩线纹陶器。中国白瓷传入古埃及后，他们又仿烧出白釉陶器。11世纪后，随着中国青瓷、青白瓷（影青瓷）和青花瓷的输入，他们又仿烧出造型和纹样完全类似的瓷质仿制品。

中国陶瓷技术的创造和发明，不仅推动了本国陶瓷制造技术的日益提高，而且促进了世界各国陶瓷制造技术的发展，从而推动了世界文明的发展与进步。

纺织技术与纺织品贸易

新石器时代的纺轮

中国古代纺织业可以追溯到旧石器时代中期，原始人群由于采集和狩猎的需要，已经能够制作简单的绳索和网具，以后又掌握了缝纫技术，并编织各种织物。中国机具纺织起源于五千年前的新石器时期的纺轮和腰机。西周时期具有传统性能的简单机械缫车、纺车、织机相继出现，汉代广泛使用提花机、斜织机，唐以后中国纺织机械日趋完善，大大促进了纺织业的发展。

宋元之际，随着社会经济的发展，在各种传世纺车机具的基础上，逐渐产生了一种有几十个锭子的大纺车。大纺车与原有的纺车不同，其特点是：锭子数目多达几十枚，以及利用水力驱动。这些特点使大纺车具备了近代纺纱机械的雏形，适应大规模的专业化生产。水力大纺车是中国古代将自然力运用于纺织机械的一项重要发明，如单就以水力做原动力的纺纱机具而论，中国比西方早了4个多世纪。此外，踏板织机的发明也是中国古代纺织技术的一项重要成果，关于其出现的最早时间，目前尚没有足够资料确定，据推测我国的踏板织机的出现可追溯到战国时代，到秦汉时期，黄河流域和长江流域的广大地区已普遍使用。织机采用脚踏板提综开口是织机发展史上一项重大的发明，它将织工的双手

出土的东汉纺轮

从提综动作解脱出来，以专门从事投梭和打纬，大大提高了生产效率。以生产平纹织品为例，比原始织机提高了 20 ~ 60 倍，每人每小时可织布 0.3 ~ 1 米。

古代世界各国用于纺织的纤维均为天然纤维，一般是毛、麻、棉三种短纤维，如地中海地区以前用于纺织的纤维仅是羊毛和亚麻，印度半岛地区以前则用棉花。古代中国除了使用这三种纤维外，还大量利用长纤维——蚕丝。蚕丝在所有天然纤维中是最优良、最长、最纤细的纺织纤维，可以织制各种复杂的花纹提花织物。丝纤维的广泛利用，大大地促进了中国古代纺织工艺和纺织机械的进步，从而使丝织生产技术成为中国古代最具特色和代表性的技术，而丝绸织物则成为古代中国对

江苏泗洪出土的东汉纺织画像石

图说中外文化交流

《天工开物》所载的"抽丝图"

《天工开物》所载的"调丝图"

《天工开物》所载的"腰织机图"

世界文明最重要的贡献之一。

　　汉代和唐代是中国的两个政治鼎盛期，在丝织方面也是空前发展，达到了一个高峰，并有许多实物流传下来。长期以来，中国不但是发明丝绸的国家，并且是有这种手工业的唯一国家。由于高级丝织品的向外输出，

出土的商代绢（复制品）

湖北江陵战国楚国墓出土的凤纹罗绮

湖南长沙马王堆出土的西汉乘云绣黄绮

西汉豹纹锦

中国被世界各国誉为"丝国"。著名的丝绸之路是当时中国丝绸对外出口的重要通道，在今天伊朗与新疆境内出土了不少中国古代精美的丝织品，在罗马当时每磅丝料的价格竟高达黄金12两。由于这个原因，外国人必然要千方百计地获得中国种桑养蚕和丝织技术。有资料说，蚕桑技术首先在公元3世纪时传入于阗，4世纪传到中亚、西亚，6～7世纪传到希腊、意大利。新疆和田的尼雅遗址，至今遗留有桑园遗迹和不少枯死的桑树。经碳-14测定，部分桑树枯死时间距今1700～1800年，正好可以验证文献记载的可靠性。唐代高僧玄奘取经归来，路经于阗，受到于阗国王的热情款待，他撰写的《大唐西域记》也记载了蚕种如何从内地传入于阗的故事。尽管如此，由于中国丝绸纺织技术之精湛和产品之精美，中国丝绸仍然是世界各国最受欢迎的商品之一，直到公元13世纪以后，中国丝绸仍是西方市场的畅销品。

中国丝织技术在东亚的传播，据日本学者研究，大约在秦和西汉时期，中国的缫丝织绢和织罗技术就相继传入日本，日本传说中的兄媛、弟媛、

新疆出土的汉代人首马身纹裤

新疆出土的北朝树纹锦

新疆尼雅出土的"日出东方，利中国"锦

新疆出土的唐代织花罗

吴服、穴织 4 个人物，就是在这样的情况下产生的。这样的结论是相当正确的，在中国的史籍里也有所反映。据《三国志·魏书·倭人传》记载，三国时期日本就有"蚕桑""缣绵"，无疑就是在这以前传去的技术的结果。但是其技术还比较落后，所以日本在中国的隋、宋之际，曾经从中国购买大量丝织物，现在仍有不少保存在日本正仓院和其他博物馆。并且派人到中

法门寺出土的唐代蹙金绣半臂

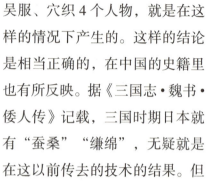

新疆出土的唐代"吉"字纹绵

元人绘《练丝图》

宋王琚绘《纺车图》（局部）

新疆麦盖提县出土的绛丝绿绢袍

北宋毬路双鸟纹锦夹袍

国招聘技工，日本古代丝织物中著名的博多织就是在这一时期里学习了中国的纺织技术之后出现的。此外，朝鲜半岛也传入了种桑养蚕和丝织技术，并且能够生产质量较高的产品。

公元 7 世纪和 8 世纪时的波斯的纺织工艺在当时西方世界中是比较突出的，但是仍不能和中国相比，非常需要中国的技术，常常利用中国的工匠帮助织造。据唐代旅行家杜环的《经行记》说，他在天宝十载（751 年）到过大食，亲眼看到中国的河东人乐瑜、吕礼在那里织络，此处的"络"

吐鲁番出土的北朝方格兽纹锦

新疆楼兰故城出土的唐代葡萄纹刺绣品

新疆出土的唐代绿底印花绢裙

新疆出土的唐代绛底印花绢裙

就是绸。元代的版图非常大，横跨欧、亚两大洲。元代的统治者曾经把中国的各种技工集中起来，安置在中国各省及中国以外的其势力所及的地方。元初道士邱处机（1148—1227年）应成吉思汗的召唤，去中亚游历，途中也曾经看见汉人工匠千百人在那里织造绫、罗、锦、绮。

中国丝织技术对欧洲的最后的最重要的影响是对花机和花本的利用。

罗马出土的中国古代的绢

新疆出土的唐代印花纱

希腊雅典博物馆展出的中国古代丝绸衣服

元代木棉搅车

新疆吐鲁番出土的唐代麻布

西方在 6 世纪以前还不会织造大花纹的丝织物，直到 6、7 世纪，才辗转得到中国的花机和花本的构造方法，开始织出比较复杂的提花织物，后来一直沿用下来，虽然偶尔有些变化，但是始终没有脱离原有的窠臼。就是法国的雅卡尔（1752—1834 年）提花机以及现在世界各国通用的龙头机，也与中国的花机有极密切的关系，它们的基本构造仍然相同，虽然把花本改成纹版，但是原理依然未变，只不过形式稍有不同罢了。

棉花是中国制作衣被的主要原料，但中国人民普遍穿棉布衣服的历史却是从宋、元开始的，在此之前，平民的主要衣料是麻布。棉花传入我国共分三种途径：东汉时自印度由南路经过缅甸传入云南地区，云南少数

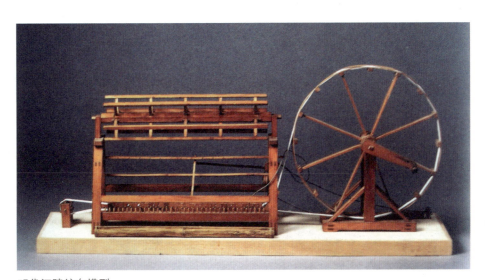

明代江陵纺车模型

黄道婆塑像

民族当时生产出了一种名叫"白叠花布"的纺织品；还有一种途径是从印度经东南亚诸国传入海南岛，然后由海南岛黎族地区经闽、广传至江南；第三种途径是南北朝时，非洲棉由北路传入今新疆地区，再经河西走廊逐渐传入内地。在唐宋时期，白叠布在内地仍被视作珍品。内地棉花的大量种植和棉布的大量生产则始于宋末元初。元朝初年，中国政府设立了木棉提举司，大规模向人民征收棉布实物，每年多达 10 万匹，后来又把棉布作为夏税（布、绢、丝、棉）之首，可见棉布已成为主要的纺织衣料。元以后的统治者都极力征收棉花、棉布，出版植棉技术书籍，劝民植棉。从明代宋应星的《天工开物》中所记载的"棉布寸土皆有""织机十室必有"可知当时植棉和棉纺织已遍布全国。

明代松江布

由于非洲棉和亚洲棉质量不好，产量也低，所以到了清末，我国又陆续从美国引进了陆地棉良种，现在我国种植的全是美国陆地棉及其变种。

棉花及棉纺织技术传入中国后，由于生产工具比较落后，于是改进生产工具便成为亟待解决的问题。我国宋元之际的女纺织专家黄道婆在这方面做出了极大的贡献。她 1245 年出生在松江府乌泥泾镇（今上海徐汇区华泾镇），因生活困苦，逃到了海南岛的崖州。她在这里生活了 30 余年，学会了种植、棉纺的全部技术。后来她又回到了家乡，在这里传播植棉技术，并改进了纺织工具。如以轧车去除棉籽，以 4 尺大弓击弦弹棉，以三锭脚踏纺车纺纱，以"错纱、配色、综线、挈花"等技术织造各种精美的棉织品。尤其是三锭脚踏纺车是当时最先进的棉纺机，比英国哈格里夫斯于 1765 年创造的西方第一架手摇纺纱机，即所谓"珍妮机"要早 400 多年。黄道婆取得的成就对推动我国棉织业的发展有重要的意义，使松江地区成为全国著名的棉织中心，享有"松郡棉布，衣被天下"的美誉。

公元 1363 年，棉花种植经中国又传到了朝鲜，不到十几年的功夫，便传遍了整个朝鲜半岛。与此同时，棉纺织技术也流传到了朝鲜，使得朝鲜百姓也能穿上本国生产的棉布了。

清代棉布

清代织布机

清宫中的羽毛雨衣，这是一种特殊织物，反映了我国古代纺织技术的高超水平

图说中外文化交流

冶金、机械与造船技术

我国古代的冶炼技术居于世界各国前列。燃料在冶金生产中占有特殊的地位。人类最早使用的冶金燃料是木炭。木炭的优点包括：第一，容易获得；第二，气孔度比较大，使料柱具有良好的透气性（在鼓风能力不强、风压不高的条件下，这一点具有极其重要的意义）；第三，所含硫、磷等有害杂质比较低。一直到现在，木炭还是冶炼高级生铁的理想燃料。木炭的最大缺点是资源有限，所以人们一直在努力寻找新的燃料，首先找到的是煤。

我国冶炼生铁用煤的起始年代可以上推到西汉。关于这个问题考古新成果提供了证据，在今河南巩义市的嵩山脚下的铁生沟发现了西汉各式冶炼炉 16 座，同时还发现了煤和煤饼，证明西汉时已经用煤来进行冶炼了。到了宋代以后，冶炼用煤又有了进一步的发展。但是用煤冶炼也

河南巩义市出土的西汉煤

陕西西安出土的西汉铜齿轮

东汉记里鼓车模型

有缺点：一是所含硫、磷等有害杂质成分比较高，它们在冶炼过程中会渗入生铁而引起金属加工过程中的热脆和冷脆问题；二是所含其他杂质也比较多，因此炼渣多，炉子容易发生故障；三是煤的气孔度小，热稳定性能比较差，容易爆裂，影响料柱透气性。于是人们又进行新的探索，终于找到了另一种冶金燃料，这就是焦炭。焦炭是由煤干馏得到的，它保留了煤的长处，避免了煤的缺点，成为冶金生产的主要燃料。我国冶炼用焦的记载最早见于明末清初方以智的《物理小识》卷七。欧洲人到 18 世纪初才使用焦炭，解决了冶炼用焦的问题。在生铁冶炼用煤和冶金用焦上，我国都比欧洲早得多。

胆水炼铜也是我国创造的一种冶炼方法，它是湿法冶金的起源，在世界冶金史上占有重要的地位。在宋元时期，或许还稍早些，我国已经发明了湿法炼铜的胆铜法，并将其应用于生产上，成为生产铜的主要方法之一。所谓胆铜法，就是把铁放在胆矾（即水合硫酸铜）溶液（俗称胆水）里使胆矾中的铜离子被金属铁所置换而成为单质铜沉积下来的一种产铜方法。这种产铜方法有许多优点：它可以就地取材，在胆水多的地方设置铜

水排模型（东汉杜诗创制的用水做动力推动皮囊鼓风的工具）

西安出土的唐代飞鸟葡萄纹银香囊

场；设备比较简单，技术操作容易，成本低，只要把薄铁片和碎块放入胆水槽中，浸渍几天，就能得到金属铜的粉末；胆铜法可以在常温下提取铜，不必像火法炼铜那样需要高温，这样既节省了大量燃料，又不必使用鼓风、熔炼等设备；胆铜法还可以使含有铜的贫矿和富矿都能作为原料用。北宋胆铜产量每年达 250 吨，占当时铜总产量的 15%～25%。南宋铜产量虽大减，胆铜比重却比以前都高，宋高宗绍兴年间（1131—1162 年）胆铜占总产量的 85% 以上。在欧洲，湿法炼铜出现比较晚。15 世纪 50 年代，人们把铁片浸入硫酸铜溶液，偶尔看见铜出现在铁表面，还感到十分惊讶，更谈不上应用这个原理来炼铜了。

　　人类早期的鼓风器大都是皮囊，我国古代又叫橐。一座炉子用好几个橐，放在一起，排成一排，就叫"排橐"，用水力推动这种排橐，就叫"水排"。水排发明于东汉早期，它是南阳太守杜诗（？—38 年）发明的。三国时期的韩暨把它推广到了魏国官营冶铁作坊中，因鼓风能力比较强，促进了冶铁业的发展。这种水排是一种轮轴拉杆传动的装置。关于水排构造的详细记述最早见于元代王祯的《农书》，

水运象仪模型

依水轮放置方式的差别，王祯把水排分成立轮式和卧轮式两种，它们都是通过轮轴、拉杆以及绳索把圆周运动变成直线往复运动的，以此达到开闭风扇和鼓风的目的。因为水轮转动一次，风扇可以开闭多次，所以鼓风效能大大提高。古代的鼓风器最早是皮囊，后来是风扇，再后是风箱。用水力鼓风有十分重要的意义，它加大了风量，提高了风压，增强了风力在炉里的穿透能力。这一方面可以提高冶炼强度，另一

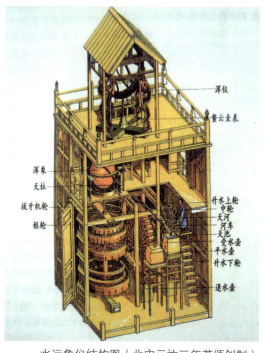

水运象仪结构图（北宋元祐三年苏颂创制）

方面可以扩大炉缸，加高炉身，增大有效容积，大大地增加了生产能力。欧洲人能在 14 世纪炼出生铁来，和水力鼓风的应用是有一定关系的。

机械的制造离不开齿轮，我国齿轮的制造和使用可以追溯到公元前 7 世纪的春秋时期，关于这一切都有考古发现的实物可以作为证据。汉代利用齿轮系减速传动的原理，制造了记里鼓车。上面讲到东汉水排是利用轮与轴结构制作了水轮，也是这种机械运用的典范。中国古代还运用热力驱动机械运转。

陕西西安出土的唐代"飞鸟葡萄纹银香囊"，由镂空的银质球形外壳、内外两层同心圆环和中心半球形炉组成。炉体、内环、外环和外壳内壁的支撑轴依次垂直安装。由于重力作用以及内中轴承的垂直设计，不论球壳如何滚动，炉口总朝上方，炉中的香料也不会撒到炉外。它的结构设计和今天船舶中的陀螺罗经仪大体一致，船体在风浪的作用下，无论如何摆动，陀螺罗经仪总能使罗盘保持在一定的水平面上，从而确保了罗盘针的准确、正常工作。这在当时的世界上是非常先进的机械设计。

宋代的走马灯是利用蜡燃烧时的上升热气流推动平放的叶轮转动，从而使灯中的骑马纸人转动。这是世界最早利用热能的实例。北宋元祐三年（1088年）苏颂创制的"水运象仪"，是利用水力带动转轮，从而通过齿轮带动天文仪器自动运转的一种比较复杂的机械装置。

早在原始社会的旧石器时代，中国先民就已经使用了独木舟。最迟在商代就出现了木板船。以后历代又根据社会需要逐渐创制了不同结构、不同规格、不同性能的各类木船系列。中国古代的造船技术有许多重大的发明，如舵（包括门舵、平衡舵、升降舵）、水密舱、龙骨设计、尖底结构、轮桨设置等，都领先于世界。唐代有的大海船载重数万石，舵长达3至5丈。唐宋时期建造的船体两侧下削，由龙骨贯串首尾，船面和船底的比例约为10：1，船底呈"V"形，也便于行驶，这就是所谓的尖底结构。唐朝舟船已采用了先进的钉接榫合的连接工艺，使船的强度大大提高。宋朝造船修船已经开始使用船坞，这比欧洲早了500年。宋代工匠还能根据船的性能

广州东郊出土的东汉带舵陶船

汉代战船模型

宋代海船模型

泉州出土的南宋海船模型

和用途的不同要求，先制造出船的模型，并进而能依据画出来的船图再进行施工。欧洲在 16 世纪才出现简单的船图，落后于中国三四百年。所谓水密舱，是指将船体分为若干独立的密封舱室，如果万一有的舱室进水，船也不至于沉没，从而增加了航海的安全性。密封舱还有一个功能，就是如果是大船，船身过长，遭到海水冲击，容易断裂，而有若干密封舱板的支撑，则可以增强船身的强度。这种船体结构从泉州出土的宋代海船可以得到证实，这种先进的技术一直沿用到现代。当时来中国经商的阿拉伯商人一般都不愿搭乘罗马船，而愿意乘中国所造之船，原因就在于中国船的安全性要大大高于他国所造之船。所谓轮桨设置，也叫车船，早在南朝就已经出现，宋代发展了这种技术，如杨么起义军所造车船高两三层，两侧有轮多达 32 个，行船时用脚踏轮桨的方式推进船的行进。这种船在顶风或逆水行驶时，优势最为明显，可以说是近现代轮船的鼻祖。

中国帆篷也很有特色，属于硬帆系列，能利用多面风，与舵配合使用，行船更加得心应手。而其他国家则多采用软帆，只能利用顺风，船的动力主要靠桨，因此船上有许多桨。造船技术综合反映了一个时期科学技术发展的水平，体现了当时的中国人民对流体力学、材料力学、阻力、杠杆原

宋代汴河客船模型

郑和宝船模型

理、轮轴关系等许多方面的认知与应用。中世纪的中国，造船技术居于世界前列。明代郑和航海乘坐的宝船，长约 130 米，宽约 60 米，立 9 桅，挂 12 帆，是当时世界上最大的帆船。另外，中国很早就使用桐油来刷船体，可以起到防腐和加固密封的作用；铁钉的使用也是中国古代造船工艺先进的表现，使用它可以建造巨大结实的大船。而西方虽号称海洋文明，但直到西罗马帝国后期，只知用皮条固定船体，而不知使用铁钉。

中国古代的这些造船技术对世界造船业的发展贡献很大，其中许多技术后来都为国外学习和采用，从而推动了人类航海事业的发展，为人类的文明和进步发挥了重要作用。

宋代《武经总要》所绘的楼船

南北朝瓷船模型

农业生产技术与物种引进

　　我国是传统的农业大国，在农业技术方面有许多发明创造，并对周边民族和国家形成了较大的影响。早在春秋时期已经出现了铁制的农具，到战国时期铁制农具的种类进一步增多，从考古发掘来看，有犁、铧、铲、锄、耙、锸、镬等农具。牛耕技术也在这一历史时期用于农业生产了，可以达到深耕和提高粮食产量的目的，到西汉时期已经出现了二牛一人式的耕作方法，一直沿用到现在。在播种方面，西汉时期已经发明了耧车，通常为三脚耧管，对提高播种效率发挥了极大的作用，也一直沿用到现在。

甘肃酒泉十六国墓壁画中的耕作图

图说中外文化交流

在粮食的打碾方面，主要采用连枷和石碾，直到20世纪一些地区仍在使用。在这方面中国也发明了机械装置，如西汉时发明的连击水碓，主要用于给谷物去皮，利用水力带动四组碓头同时工作，可以提高粮食加工的效率。西晋时杜预发明了水磨，利用水力冲击水轮，从而带动石磨运转，可以将粮食加工成粉末。

《农政全书》中的打枷图

西汉耧车模型

西汉连击水碓模型（据王祯《农书》复制）

西晋杜预所创的水磨模型

出土的汉代辘轳陶模型

在农田灌溉方面，我国早在先秦时期就学会开沟引水和使用辘轳了。东汉时毕岗发明了龙骨水车，也叫翻车，利用人力或畜力提水，对提高灌溉效率发挥了极大的作用。这一发明影响很大，其基本结构千百年变化不大，直到现在南方一些地方仍在使用。至唐代又发明了提水的筒车，由水轮、水筒、水槽等组成，立在河边，河水冲击水轮，带动水筒取水倒入水槽之中，再流入水沟灌溉农田，可以达到节省人力，起到自动提水的作用。中国古代在农业生产方面的这些先进

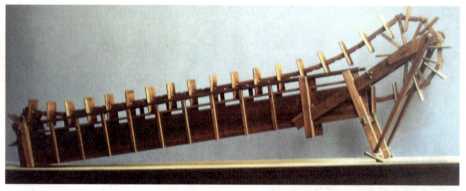

东汉毕岚发明的龙骨水车（又叫翻车）

唐代发明的筒车（提水工具）

技术，对西域各国以及朝鲜、日本、越南等国都产生过重要的影响，促进了这些地区农业生产的发展。

在农作物的引进方面，早在西汉张骞通西域后就引进了苜蓿、黄瓜、核桃、石榴、大蒜等。唐代又引进了菠菜、甘蓝、青蒜、胡芹、甜菜等。明朝时，玉米、番薯等高产作物自外国传入。玉米（又称玉蜀黍）的原产地是美洲，在16世纪时分由几条渠道传入我国。到了明朝末年，玉米的种植已达十余省。番薯（又称红薯，俗称地瓜）的原产地也是美洲，大约在万历年间，分别由菲律宾、越南、缅甸传入我国。首先种植番薯的是福建、广东和云南，此后番薯的种植逐渐在全国推广。番薯产量很高，每亩可产数千斤，所以传播很快。美洲的烟草在明中叶后由菲律宾传入，先传至福建、广东，以后渐及长江流域等地。到了明朝末年，北方也多种植烟草。美洲的花生在明朝中叶以后传入我国，种植于江苏、福建、浙江等地。花生是重要的油料作物，它的传入有很大意义。南瓜原产美洲，

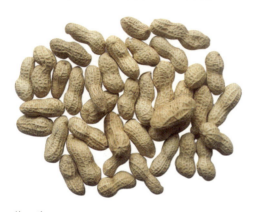

花　生

明代从东南亚经海路引种中国，数百年来，南瓜已经成为我国劳动人民喜爱种植的常见农作物之一。番茄，又称西红柿，起源于南美洲秘鲁、厄瓜多尔、玻利维亚，大约在17世纪时由西方传教士从东南亚经海路传入我国，但在很长一段时间内没有大规模种植。到20世纪初期，番茄才在沿海通商口岸大量种植，后逐渐推广到全国各地。

我国古代还引进了其他一些物种，对增长我国的物种种类起到了积极的作

西红柿

清代舞狮图

印度阿育王柱狮子头

用。我国不产狮子，但唐朝统治期间外国数次向中国进贡狮子，其被饲养于皇家内苑。明清时期，外国还多次进贡过狮子。狮子这种猛兽被引进以后，深得我国人民的喜爱，与其有关的雕塑、绘画及舞狮活动便逐渐多了起来，并成为中华文化的一个重要组成部分。它被赋予镇邪的作用，在一些帝王陵墓前或富贵人家的门口，都有狮子的石雕像。

鸵鸟也是我国本来没有的一种动物，唐代时，外国曾数次进贡，当时人称之为"条支巨鸟"。在唐高宗与武则天的乾陵、唐睿宗的桥陵都有其石质浮雕像，成为中外文化交流的一个象征。

犀牛也是我国不产的一种动物，汉唐时期都有外国进贡犀牛的相关记载。唐高祖献陵前有一尊石犀雕像，比例准确、形象生动逼真，是我国古代雕刻作品中不可多得的珍品。

长颈鹿也是我国不产的动物，我国古代人民在明朝以前一直没有见过这种动物。明代时，榜葛剌进贡了一头长颈鹿，中国由于无人能识这种动物，还以为是麒麟这种古代传说的瑞兽，非常欣喜，并为其绘了图像。

中国虽然产豹，但却不用于狩猎，中国古代的猎豹多是外国进贡的，如唐代西域各国就曾多次进贡过经过驯化的猎豹。我国狩猎使用

唐高宗乾陵前的鸵鸟石雕

唐睿宗桥陵的鸵鸟石雕

唐高祖献陵前的石犀

道考榜葛剌即束卯度也國最大逶蘇門答剌海
至頂納見江有城池街市聚貨通市直行至瓶獄
嚴其國殿宇廣大門內三重九間殿柱皆黃銅色飾
內設明甲馬隊千餘列巨漢甲冑執鋒及弓矢丹
蓋數百又置象隊王正殿高座嵌八寶王其踞坐其上
回三人男祝髮白布纒頭圓領長衣朿綠悅驒金錦
國王霑乎思遣使來貢至正就後不復至
盖其實劍項掛瓔絡

菊泉璋　正脘
[印]
臨摹

明榜葛剌進麒麟圖

唐代镏金舞马衔杯纹银壶

唐代彩绘骑马猎豹俑

唐人周昉绘《簪花仕女图》
中的哈巴狗

猎豹很少见于文献记载，但在出土的陶俑和壁画中却不稀见，而且多为皇室贵族的墓葬，这就说明猎豹的使用仅限于宫廷。

犬在中国早已是驯化的家畜之一，可是作为贵妇人的宠物犬，却是外来的。据记载，高昌国王曾向唐朝进贡过雄雌狗各一只，高6寸，长尺余，"性甚慧"，据说是来自拂菻国。拂菻国，就是指罗马帝国。因此，这种犬被称之为"罗马犬"，是希腊妓女和罗马主妇珍爱的宠物。这种犬后来在中国得到了繁衍，唐玄宗时杨贵妃就有一只宠物犬，据研究它就是拂菻犬。中国人把这种宠物犬称为哈巴狗，而哈巴狗在中国被豢养是从唐朝开始的。

战马是古代社会重要的骑乘和驮运工具，良种战马尤为历代王朝所重视，所以引进良驹品种的记载不绝于史书。汉武帝进攻大宛，目的在于获取汗血马。唐太宗、唐玄宗都曾从西方获得过优良战马，著名的昭陵六骏其实并非中国原产的马匹，全是来自西方的良种马，其中包括来自突厥的良马。唐代宫廷中饲养的舞马也是从外来的马群中挑选出来的。唐以后的历代王朝从来都没有停止过对外来良种马的引进，这对我国马匹的改良起到了重要作用。

唐代宗昭陵六骏之一——白蹄乌

参考书目

［1］潘吉星.中国科学技术史：造纸与印刷卷[M].北京：科学出版社，1998.

［2］（英）李约瑟.中国科学技术史：第五卷[M].北京：科学出版社，2005.

［3］贺圣达.东南亚文化发展史[M].昆明：云南人民出版社，1996.

［4］（俄）李特文斯基.中亚文明史[M].北京：中国对外翻译出版公司，2003.

［5］沈冬.唐代乐舞新论[M].北京：北京大学出版社，2003.

［6］王克芬.中国舞蹈发展史[M].上海：上海人民出版社，2003.

［7］周天游.唐墓壁画研究文集[M].西安：三秦出版社，2001.

［8］吴焯.朝鲜半岛美术[M].北京：中国人民大学出版社，2004.

［9］罗世平，齐东方.波斯和伊斯兰美术[M].北京：中国人民大学出版社，2004.

［10］姜伯勤.中国祆教艺术史研究[M].北京：三联书店，2004.

［11］沈从文.中国历代服饰研究[M].上海：上海书店出版社，2002.

［12］梅宁华.北京文物精粹大系：金银器卷[M].北京：北京出版社，2004.

［13］刘伟.中国陶瓷：唐三彩[M].上海：上海古籍出版社，1995.

［14］国家文物局.中国重要考古发现：2001[M].北京：文物出版社，2002.

［15］张大千.大风堂临摹敦煌壁画[M].四川：美术协会，1944.

［16］申秦雁.陕西历史博物馆珍藏：金银器[M].西安：陕西人民美术出版，2003.

［17］马自树.中国文物定级图典[M].上海：上海辞书出版社，1999.

［18］王仁波.隋唐文化[M].香港：中华书局（香港）有限公司，1997.

［19］光复书局企业股份有限公司.中国考古文物之美：法门寺地宫卷[M].北京：
文物出版社，1994.

［20］曹婉如.中国古代地图集[M].北京：文物出版社，1990.

［21］周昕.中国农具史纲暨图谱[M].北京：中国建材工业出版社，1998.

［22］（英）斯坦因.西域考古记[M].北京：中华书局，1987.

［23］曹文柱.飘逝的岁月：中国社会史[M].上海：华东师大出版社，2001.

［24］王伯敏.中国绘画通史[M].北京：三联书店，2000.

［25］陕西历史博物馆.文物精华[M].西安：陕西旅游出版社，1992.

［26］朱家溍 . 国宝 [M]. 香港 : 商务印书馆香港分馆，1983.

［27］宿白 . 中华人民共和国重大考古发现 [M]. 北京 : 文物出版社，1999.

［28］纪江红 . 典藏中国名胜 [M]. 北京 : 北京出版社，2004.

［29］新疆维吾尔自治区博物馆 . 新疆出土文物 [M]. 北京 : 文物出版社，1975.

［30］林言椒 . 中国佛教之旅 [M]. 石家庄 : 河北教育出版社，2000.

［31］罗树宝 . 中国古代印刷史图册 [M]. 北京 : 文物出版社，1998.

［32］荣新江，张志清 . 从撒马尔干到长安 [M]. 北京 : 北京图书馆出版社，2004.

［33］宋正海，孙关龙 . 图说中国古代科技成就 [M]. 杭州 : 浙江教育出版社，2000.

［34］艺术图书公司 . 两宋名画册 [M]. 台北 : 艺术图书公司，1983.

［35］熊治祁 . 中国近现代名人图鉴 [M]. 长沙 : 湖南人民出版社，2002.

［36］吴方 . 中国文化史图鉴 [M]. 太原 : 山西教育出版社，1992.

［37］齐东方 . 唐代金银器研究 [M]. 北京 : 中国社会科学出版社，1999.

［38］刘庆柱 .20 世纪中国考古大发现 [M]. 成都 : 四川大学出版社，2000.

［39］（英）保罗·巴恩 . 剑桥插图考古史 [M]. 济南 : 山东画报出版社，2000.

［40］孙纪元 . 中国美术全集：绘画编 [M]. 北京 : 人民美术出版社，2004.

［41］中国美术全集编辑委员会 . 中国美术全集：建筑艺术编 [M]. 北京 : 中国建
　　　筑工业出版，1995.

［42］王自力，孙福喜 . 唐金乡县主墓 [M]. 北京 : 文物出版社，2002.

［43］毛佩琦 . 岁月河山：图说中国历史 [M]. 上海 : 上海古籍出版社，1989.

［44］韩伟 . 海内外唐代金银器萃编 [M]. 西安 : 三秦出版社，1989.

［45］中国历史博物馆 . 中国历史博物馆: 华夏文明史图鉴 [M]. 北京 : 朝华出版社，
　　　2002.

［46］赵海明，许京生 . 中国古代发明图话 [M]. 北京 : 北京图书馆出版社，1999.

［47］中华古文明大图集编辑委员会 . 中华古文明大图集 [M]. 北京 : 人民日报出
　　　版社，1992.

［48］王介南 . 中外文化交流史 [M]. 太原 : 书海出版社，2004.

［49］吴玉贵 . 中国风俗通史：隋唐五代卷 [M]. 上海 : 上海文艺出版社，2001.

［50］长安博物馆 . 长安瑰宝 [M]. 西安 : 世界图书出版西安有限公司，2002.

［51］李国珍 . 新城、房陵、永泰公主墓壁画 [M]. 北京 : 文物出版社，2002.

［52］申秦雁 . 懿德太子墓壁画 [M]. 北京 : 文物出版社，2002.

［53］张铭洽 . 章怀太子墓壁画 [M]. 北京 : 文物出版社，2002.

［54］张夫也 . 日本美术 [M]. 北京 : 中国人民大学出版社，2004.

后　记

　　有关中外文化交流的研究，近年来颇受学术界重视，也取得了许多成果，但是如何更加直观地使这些成果能与广大普通读者见面，却一直没有人进行过尝试。采用图说的方式，用比较浅显易懂的语言和丰富的图像来反映这些方面的成果，无疑是一件很有意义的工作。我们正是朝这个方向进行努力的。

　　在实际编撰工作时，我们发现要做好这件事也是很不容易的，主要是相关的考古与历史图像资料非常零散，收集起来比较困难，而且不少的图像不甚清晰，并不适合使用。另外，所谓"文化"的定义也是非常宽泛的，包罗万象，到底选取哪些方面的内容作为本书的内容，我们也是费了一番心思的，并且与一些学界同仁进行过商议，力争能够准确且全面地反映我国与其他国家或地区进行文化交流的情况。虽然我们做出了很大的努力想把这项工作做好，为发展我国的文化事业贡献一点微薄之力，但由于存在种种困难，难免挂一漏万，不当之处，希望能得到方家的批评指正。

　　还有一个问题需要说明，由于本书体例所限，所采用的资料无法一一注明出处，只能在书后采取罗列参考书目的方式注明，敬请谅解！

杜文玉于西安